L'HOMME DÉPAYSÉ

TZVETAN TODOROV

L'HOMME DÉPAYSÉ

ÉDITIONS DU SEUIL
*27, rue Jacob, Paris VIe*

ISBN 2-02-30038-9

à mes amis

Aller retour

Dépayser *(v. tr.) :* ***1****. Faire changer de pays, de milieu, de cadre.* **2***. Troubler, déconcerter, désorienter en changeant les habitudes.*

Le Petit Larousse

Longtemps je me suis réveillé en sursaut. Les détails différaient mais, dans ses grandes lignes, le rêve était toujours le même. Je n'étais plus à Paris mais dans ma ville natale, Sofia ; j'y étais revenu pour une raison quelconque et je goûtais la joie de revoir les anciens amis, mes parents, ma chambre. Puis venait le moment du départ, du retour à Paris, et les choses commençaient à se gâter. J'étais déjà dans le tramway qui devait me conduire à la gare (c'est le train, l'Orient Express, qui, des années plus tôt, m'avait emporté de Sofia pour me rejeter deux jours plus tard, par une frileuse matinée d'avril, sur les quais de la gare de Lyon) quand je découvrais que mon billet n'était pas dans ma poche ; je l'avais sans doute oublié à la maison, mais si j'y revenais le chercher j'allais rater mon train. Ou bien le tramway s'arrêtait soudain, à cause d'un attroupement inexplicable ; les passagers descendaient, moi aussi, j'essayais de me frayer un chemin, une lourde valise à la main, mais c'était impossible : la foule était compacte, indifférente, impénétrable. Ou encore le tramway arrivait à la gare, je me précipitais vers la porte d'entrée car j'étais en retard ; mais, le seuil traversé, je découvrais que cette gare n'était qu'un décor : de l'autre côté il n'y avait pas de hall, de voyageurs, de rails, de trains ; non, j'étais seul devant un champ, à perte de vue, l'herbe jaunie pliant sous le vent. Ou bien je partais de la maison en voiture, conduit par un ami ; il décidait de prendre un raccourci, car nous étions pressés ; mais il s'égarait, les rues se rétrécissaient, devenaient de plus en plus désertes, pour finir en terrains vagues.

Mes rêves ne se lassaient pas d'inventer de nouvelles variantes à cette impossibilité de repartir, mais le résultat final était toujours le même : pour des raisons purement fortuites, le retour à Paris s'avérait impossible. Je devais désormais vivre à Sofia. L'angoisse, même en rêve, devenait alors telle que je me réveillais le cœur battant. J'ouvrais les yeux dans la pénombre, je reconnaissais petit à petit les contours de ma chambre parisienne, je touchais l'épaule de la femme qui dormait à mon côté et je m'abandonnais avec délice à la réalité. Ce n'avait été qu'un rêve ! Je pouvais me réveiller et retrouver ma vie, ma vraie vie. J'oubliais mes frayeurs nocturnes jusqu'à la fois suivante, quelques semaines, quelques mois plus tard. J'ai appris depuis que ce rêve était commun à beaucoup d'émigrés, en tous les cas parmi ceux qui venaient d'Europe de l'Est.

Mes rêves de retour impossible se sont espacés et ont disparu depuis que je suis retourné en Bulgarie pour de vrai. Cela s'est passé en 1981, dix-huit ans exactement après mon arrivée à Paris. J'avais pris beaucoup de précautions pour que le rêve ne devienne pas réalité. Tout d'abord, je n'avais pas couru le risque d'un voyage privé : je m'étais arrangé pour être invité à un congrès qui devait célébrer le mille trois centième anniversaire de la création de l'Etat bulgare, une manifestation très officielle donc, et je faisais partie de la délégation française. J'avais prévenu les amis de mon départ, surtout ceux qui pouvaient avoir accès aux médias : ils devaient constituer un comité réclamant ma libération si l'on m'empêchait de revenir en France ! Enfin, précaution ultime, j'ai épousé quelques jours avant le voyage la femme avec qui je vivais, pour que ce soit une épouse légitime, et non une concubine suspecte, qui vienne me soutenir en cas de besoin… Je m'empresse de dire que ce besoin ne s'est jamais matérialisé. Quelques bizarreries m'ont étonné au cours de ce voyage, c'est vrai, mais j'en suis revenu sain et sauf, à la date prévue, sans rater l'avion ni oublier mes papiers. Ce séjour m'a pourtant révélé une dimension de mon identité, que je voudrais tenter de décrire ici.

En visite chez soi

L'expérience que j'évoque ici est celle d'un exilé revenant au pays après une longue absence (je précise que je suis un exilé « circonstanciel », ni politique, ni économique : je suis venu en France en toute légalité, à la fin de mes études supérieures, pour y passer une année à « parfaire mon éducation » ; puis le provisoire est devenu définitif). Une série de hasards ont rendu cette expérience particulièrement intense. Certains hommes descendent au fond des grottes profondes pour observer, dans ces circonstances exceptionnelles, les réactions de l'organisme ; cela permet ensuite de mieux connaître son fonctionnement normal. Sans le faire exprès, j'ai été, pendant ces dix jours du mois de mai 1981, le sujet d'une expérience aussi peu commune : non une descente à mille huit cents mètres sous la terre, mais un retour au lieu quitté dix-huit ans auparavant.

Ces circonstances étaient donc : la durée de l'absence ; le caractère total de la rupture pendant ces années (il n'existe pas de communauté bulgare à Paris, ou alors, faute d'intérêt, je ne l'ai pas connue ; les nouvelles circulaient mal entre Sofia et Paris, rideau de fer aidant ; et la discontinuité entre ces deux lieux était réellement plus grande qu'entre Paris et San Francisco, par exemple) ; enfin, l'identité rigoureuse des lieux : j'habitais, durant ce séjour, avec mes parents, dans la maison même où j'avais vécu enfant et adolescent. Voilà pourquoi, sans chercher à attirer l'attention sur moi, je voudrais transcrire ici mes impressions.

L'exilé de retour au pays natal n'est pas du tout semblable à l'étranger en visite – pas même à l'étranger qu'il a été lui-même, au moment où débutait son exil. Lorsque je suis arrivé en France en 1963, j'en ignorais tout. J'étais un étranger au sein de la société française, qui ne m'est devenue familière que très progressivement ; j'ai vécu, dans mon contact avec elle, non un saut brutal, mais un passage imperceptible de la position de l'*outsider* à celle de l'*insider* (l'*out* et l'*in*, le dehors et le dedans, étant, il va de soi, toujours établis de façon relative). Un jour, j'ai dû admettre que je n'étais plus un étranger, en tout cas plus du tout dans le même sens qu'auparavant. Ma deuxième langue s'était installée à la place de la première sans heurt, sans violence, au fil des années. Or c'est tout le contraire qui se produit lors du retour de l'exilé. Du jour au lendemain, il se découvre avoir une vue de l'intérieur de deux cultures, de deux sociétés différentes. Il suffisait que je me retrouve à Sofia pour que tout me redevienne immédiatement familier ; je faisais l'économie des processus d'adaptation préliminaires. Je ne me sentais pas moins à l'aise en bulgare qu'en français, et j'avais le sentiment d'appartenir aux deux cultures à la fois.

Situation enviable ? Si je peux hésiter sur l'interprétation à faire de mon expérience, une chose m'apparaît comme certaine, comme n'admettant pas le doute : ce furent pour moi des jours de malaise et d'oppression psychique. J'ajoute tout de suite, pour écarter une explication qui pourrait venir facilement à l'esprit, que l'origine du malaise dont je veux parler ne me semble pas avoir été politique, au sens étroit du mot, c'est-à-dire liée à la différence de régime entre la France et la Bulgarie. Mon hostilité intérieure aux principes de ce régime n'avait pas varié pendant les vingt dernières années ; et, pas plus qu'avant, ma conduite n'était celle d'un combattant. La difficulté d'être que j'évoque ici se situait sur un autre plan.

J'ai eu un pressentiment de ce malaise avant même de partir pour Sofia, alors que je préparais ma communication pour le congrès auquel j'étais convié. Le sujet de la rencontre étant

« la Bulgarie », je me suis vu confronté à une question, celle de la valeur du nationalisme. Ma thèse était (je simplifie un peu) que la défense du groupe auquel on appartient n'est jamais qu'un égoïsme collectif ; que les influences extérieures, loin d'être source de corruption, sont à la fois inévitables et profitables à l'évolution de la culture ; que de toutes les façons il vaut mieux vivre dans le présent plutôt que de tenter de ressusciter le passé ; bref, qu'il n'y avait pas grand intérêt à s'enfermer dans le culte des valeurs nationales traditionnelles.

J'écrivais cela sans hésitation. Les difficultés ont surgi au moment où je commençai à traduire mon exposé, écrit originellement dans ma langue d'emprunt, le français, en bulgare, ma langue d'origine. Ce n'était pas tellement une question de vocabulaire ou de syntaxe ; mais, en changeant de langue, je me suis vu changer de destinataire imaginaire. Il m'est devenu clair à ce moment que les intellectuels bulgares auxquels mon discours allait être adressé ne pouvaient pas l'entendre comme je le voulais. La désinvolture envers les valeurs nationales ne garde pas le même sens selon qu'on habite un petit pays (le sien), placé dans l'orbite d'un autre plus grand, ou qu'on vit à l'étranger, dans un pays tiers, où l'on est – où l'on se croit – à l'abri de toute menace provenant d'un voisin plus puissant. Paris était certainement le lieu propice à un renoncement euphorique aux valeurs nationalistes ; Sofia l'était beaucoup moins. Il faut se souvenir (car les choses ont beaucoup changé depuis) qu'à l'époque le discours nationaliste représentait la seule opposition publique possible à l'idéologie communiste. Faire l'éloge des valeurs nationales bulgares signifiait, pour tous les concernés, battre en brèche les mots d'ordre officiels ; comme le pouvoir ne voulait pas être contre les professions de foi patriotiques, il se voyait obligé de tolérer cette dose d'anticommunisme.

A un degré moindre, ce problème est familier à tout orateur, à tout écrivain : on modifie son discours en fonction de son auditoire, de son lecteur présumé. Seulement, la modification que me suggéraient mes auditeurs imaginaires était plus que cela : il fallait carrément remplacer une affirmation par son contraire. Je comprenais la position des intellectuels bulgares et, si j'avais été à leur place, je l'aurais probablement partagée. Pourtant, je n'étais plus à leur place, j'habitais Paris et non Sofia, et (donc ?) je pensais le contraire. Seulement, comment le leur dire ? Faire comme si je n'avais que ma personnalité française présente et exposer mon opinion sans tenir compte de ce que je savais de leur réaction ? C'eût été refuser de reconnaître que j'avais un accès de l'intérieur à la culture bulgare. Parler comme si je n'avais jamais quitté Sofia ? Cela équivalait à gommer les dix-huit dernières années de ma vie. Essayer de combiner les deux positions, de trouver la voie neutre ? On ne combine pas A et non-A impunément. Il me restait le recours au silence...

Ce malaise s'est reproduit sous une autre forme lors de conversations avec des amis à Sofia. Par exemple, quelqu'un se plaignait des conditions de sa vie. Lorsque j'entends les mêmes propos à Paris, je peux essayer sur mon vis-à-vis toutes sortes de suggestions ; elles sont plus ou moins convaincantes mais reposent forcément sur un fond d'existence partagé ; de ce fait il, ou elle, accepte de m'écouter. Il n'en allait pas de même à Sofia. Si j'essayais de me « mettre dans la peau » de mon interlocuteur, donc aussi dans celle de mon personnage bulgare, je proposais des solutions spécifiquement « bulgares » à son problème. Je sentais alors qu'il m'écoutait avec méfiance : « Si les choses étaient aussi faciles que cela, semblait dire son silence réprobateur (ou disait parfois sa voix), pourquoi ne restes-tu donc pas ici, pour tester ton propre remède ? »

Je ne pouvais tout de même pas répliquer, dans cette situation : « Oh moi, tu sais, tes problèmes... Moi, lundi, je prends l'avion pour Paris ! » Cela était pourtant vrai, et l'envie me venait de le dire, puisque je ne trouvais pas de solution à son problème, ou que je voulais fuir son sourire méfiant. Non, je ne pouvais m'exprimer ainsi, non seulement parce que c'eût été impoli, mais aussi parce que le faire eût été me placer exclusivement du point de vue de mon personnage français, de celui qui n'était à Sofia que de passage. Peut-être pouvais-je combiner les deux positions ? J'avais beau être français et bulgare à la fois, je ne pouvais me trouver qu'à Paris ou à Sofia ; la présence simultanée dans deux lieux différents n'était pas à ma portée… La teneur de mon propos dépendait trop du lieu où il s'énonçait pour que le fait de me trouver ici ou là fût indifférent. Ma double appartenance ne produisait qu'un résultat : à mes yeux mêmes, elle frappait d'inauthenticité chacun de mes deux discours, puisque chacun ne pouvait correspondre qu'à la moitié de mon être, or j'étais bien double. Je m'enfermais de nouveau dans le silence oppressant.

La double appartenance

Au cours d'autres conversations je m'apercevais que, en réponse aux questions sur la vie en France, je parlais volontiers de ce qui ressemblait à la vie en Bulgarie, ou de ce qui ne méritait aucun éloge (souvent les deux coïncidaient : bureaucratie, esprit mandarinal, népotisme…). Tout ce dont j'aurais pu me vanter, en revanche, passait mal par ma gorge. Dans le premier cas, j'occupais une position accessible aussi bien au personnage français qu'au personnage bulgare en moi, tandis que, dans le second, seul le Français pouvait parler ; étant aussi bulgare, je me mettais à la place de mes amis et je souffrais des limitations qui pesaient sur moi. La parole double se révélait une fois de plus impossible et je me retrouvais scindé en deux moitiés, aussi irréelles l'une que l'autre.

Croyant sans doute me faire plaisir, mais peut-être aussi sincères, les anciens amis que je rencontrais me disaient : « Tu n'as absolument pas changé ! Tu es exactement le même ! » Entendre cela ne me faisait pas plaisir. C'était une façon de nier les dix-huit dernières années, de faire comme si elles n'avaient pas existé, comme si je n'avais pas acquis une deuxième personnalité. Ma mère avait gardé dans un tiroir une paire de mes chaussures et me les avait données pour que je puisse travailler dans le jardin ; je les avais mises, il n'y avait aucun doute, c'étaient bien les miennes, elles étaient déformées aux mêmes endroits et m'allaient parfaitement. On me reconnaissait, on m'acceptait, on reprenait des conversations interrompues dix-huit ans auparavant. Tout concourait à me faire penser que ces années n'avaient simplement pas eu lieu, qu'elles avaient été un phantasme, un rêve dont je venais de me réveiller. Pour un peu, on allait me proposer du travail, j'allais m'installer, je pouvais me marier…

J'aurais voulu au contraire qu'on ne me reconnaisse pas, qu'on s'étonne des changements survenus ; et j'ai éprouvé un soulagement certain en téléphonant au conseiller culturel français : je savais parler français, je n'avais pas rêvé ! De surcroît, ce monsieur me connaissait de nom, il savait que j'allais venir : mon existence française n'était pas un phantasme ! Alors même que le sujet de la conversation était plutôt terne (comment faire parvenir plus de livres français aux bibliothèques bulgares sans pour autant augmenter le budget ?), je me sentais réchauffé par la complicité de notre échange : on m'avait confirmé mon existence. Si je perds mon lieu d'énonciation, je ne puis plus parler. Je ne parle pas, donc je n'existe pas.

L'espace (l'ailleurs) était menacé de disparition. Le temps, lui, ne m'avait jamais paru aussi long : ces dix jours ont duré presque dix-huit ans. Je me sentais chaque soir vieilli de plusieurs années. A la place des expériences vécues à Paris, chaque conversation, chaque rencontre me faisait imaginer celles que j'aurais pu vivre à Sofia ; ou plutôt : me faisait me souvenir de ce que j'y avais vécu, en l'ignorant. Je n'apprenais pas l'Histoire à la manière d'un étranger, ou d'un descendant lointain, à qui il faut tout expliquer car il vient de l'extérieur ; non, je la recevais du dedans, dans les sous-entendus, par allusions, par l'imagination. Cette possibilité que j'avais de me replonger immédiatement et totalement dans la Bulgarie que j'avais quittée rendait invraisemblables à mes propres yeux l'expérience du passé immédiat, mon identité française. Il était impossible, avec ces deux moitiés, de faire un tout ; c'était ou l'une, ou l'autre.

L'impression dominante était celle de l'incompatibilité. Mes deux langues, mes deux discours se ressemblaient trop, d'une certaine façon ; chacun pouvait suffire à la totalité de mon expérience et aucun n'était clairement soumis à l'autre. L'un régnait ici, l'autre là ; mais chacun régnait inconditionnellement. Ils se ressemblaient et pouvaient par conséquent se substituer l'un à l'autre, mais non se combiner entre eux. D'où la persistance de cette impression : l'une de mes vies doit être un rêve. A Sofia, c'était la vie en France qui m'apparaissait comme un rêve et je sentais cette impossibilité de revenir en arrière qu'on éprouve au réveil. Je me surprenais à dire fréquemment, lors d'une nouvelle rencontre : Voilà encore un fantôme ! ou, indifféremment : Je suis un fantôme, mieux : un revenant.

Cela me faisait penser à un conte de Henry James, *Le Coin plaisant*, où le personnage principal est de retour dans son pays après trente-trois ans d'absence. Cet homme se trouve confronté à une question qui ne vient pas toujours à l'esprit du sédentaire : qu'aurais-je été, qu'aurais-je pu devenir si j'étais resté chez moi ? Le héros de la nouvelle va jusqu'à rencontrer, à l'intérieur d'une maison vide, un « vrai » fantôme, son *alter ego*, sa variante restée sur place… De retour à Paris, c'est justement au sortir du sommeil que je me sentais le plus perturbé : je ne savais plus dans quel monde je devais entrer. Ma mère m'écrivait de son côté : « Je me demande si tu es vraiment venu ici ou si cela n'a été qu'un rêve. » Rêve ou folie, car je ne fais peut-être que prétendre avoir vécu ici et là ?

Chacune de mes deux langues était un tout, et c'est précisément ce qui les rendait incombinables, ce qui les empêchait de former une totalité nouvelle. Avant cette visite, ma connaissance du bulgare ne rendait nullement ma vie en France malaisée : l'usage de ma langue maternelle y était réservé à trois ou quatre situations bien précises. Quelques mots en fin de conversation avec les rares Bulgares que je connaissais à Paris ; la correspondance avec mes parents ; quelques lectures bien espacées ; la table de multiplication et deux ou trois jurons : voilà à peu près toutes les circonstances où, en France, je me servais du bulgare. La langue d'origine était clairement soumise à la langue d'emprunt.

Je pouvais cependant imaginer la situation inverse : habitant la Bulgarie, je devenais traducteur de français, ou je parlais à des visiteurs étrangers, ou je me faisais spécialiste de l'histoire de France. Ce n'est pas ce que j'ai vécu, cependant, au cours de ma visite de dix jours : je ne renonçais à aucune partie de ma personnalité française et j'acquérais en même temps, je réintégrais une personnalité bulgare tout aussi entière. C'en était trop pour un seul être ! L'une des deux vies devait évincer l'autre. Pour éviter cette sensation, à Sofia, je me réfugiais volontiers dans le travail physique solitaire : je fauchais l'herbe du jardin, taillais les arbres, enlevais la terre ; un peu comme, lorsqu'on se sent mal à l'aise chez des gens que l'on connaît peu, on propose ses services à la cuisine, heureux de participer à l'interaction du groupe sans avoir à utiliser des mots.

La leçon de ce retour au pays natal, dix-huit ans après le départ, s'imposait peu à peu à moi. La coexistence de deux voix devient une menace, conduisant à la schizophrénie sociale, lorsque celles-ci sont en concurrence ; mais si elles forment une hiérarchie dont le principe a été librement choisi, on peut surmonter les angoisses du dédoublement et la coexistence devient le terrain fertile d'une expérience nouvelle. Pas n'importe quelle hiérarchie : dans une maison d'édition de Sofia, on me propose de préfacer un recueil de critique littéraire française ; j'hésite à accepter, je tergiverse, alors qu'il m'est arrivé de jouer ce rôle de préfacier en France. La raison en est claire : la hiérarchie de discours qui est maintenant la mienne se serait trouvée inversée. Je sais intégrer la voix bulgare (étrangère !) dans le cadre français, non le contraire ; le lieu de mon identité présente est Paris, non Sofia.

Dépaysé, dépaysant

Toute scission et tout clivage ne sont pas une malédiction. On sait que là-dessus les opinions divergent. Malraux rappelait à ce propos une opinion autorisée, celle du colonel Lawrence « d'Arabie » : il « disait par expérience que tout homme qui appartient réellement à deux cultures perdait son âme ». A notre époque de « crispation identitaire », de repli sur soi nationaliste, religieux ou culturel, ces propos semblent trouver une nouvelle actualité, alors même que, sous une première forme – éloge de la terre et des morts, condamnation du déracinement –, ils dominaient le débat en France à l'époque de l'affaire Dreyfus. Il est vrai que le discours opposé nous est aujourd'hui également familier : de nombreuses personnes, en particulier des artistes et des intellectuels, font l'éloge de la pluralité des cultures, du mélange des voix, voire de la polyphonie démesurée, qui ne connaîtrait ni hiérarchie ni ordre ; elles se reconnaissent dans le cosmopolitisme, sinon dans le nomadisme généralisé, cadre approprié au sujet décentré que serait chacun de nous. Je ne puis pas débattre de ces questions en juge impartial puisque mon destin personnel infléchit forcément ma manière de voir ; mais je peux essayer de préciser le sens de mon expérience.

Au début de mon séjour en France, je recherchais – je l'ai compris plus tard – l'assimilation maximale. Je parlais exclusivement en français, évitant mes anciens compatriotes ; je pouvais, les yeux fermés, reconnaître les différents vins et fromages du pays ; je tombais amoureux exclusivement de femmes françaises... Ce mouvement aurait pu se prolonger indéfiniment, sans provoquer aucun séisme : il y aurait eu, à la fin de l'opération, un Bulgare de moins et un Français de plus. Le solde aurait été nul, sans perte ni gain pour l'humanité...

Ce qu'il faut craindre et déplorer, c'est la *déculturation* elle-même, dégradation de la culture d'origine ; mais elle peut être compensée par l'*acculturation*, acquisition progressive d'une nouvelle culture, dont tous les êtres humains sont capables. Il est vrai que nous ne pourrons jamais nous libérer de certains traits décidés par la génétique : à moins d'une opération problématique, je suis condamné à garder mon sexe, ma race (au sens de caractéristiques physiques visibles), la configuration individuelle de mon corps. Devrait-on y assimiler cependant les traits acquis, comme les traditions, la religion ou la langue ? Condamner l'individu à rester enfermé dans la culture de ses ancêtres présuppose du reste que la culture est un code immuable, ce qui est empiriquement faux : tout changement n'est peut-être pas bon, mais toute culture vivante change (le latin est devenu langue morte à partir du moment où il ne pouvait plus évoluer). L'individu ne vit pas une tragédie en perdant sa culture d'origine à condition qu'il en acquière une autre ; c'est d'avoir une langue qui est constitutif de notre humanité, non d'avoir telle langue.

Cependant, mon aspiration à l'assimilation ne devait tout de même pas être aussi totale que cela, puisque je n'avais jamais fait d'effort pour perdre mon accent d'origine. Peu de temps avant mon premier voyage de retour en Bulgarie, ces indices de différence irréductible se sont raffermis. Pourquoi ? L'une des raisons a été sans doute le succès même de mon intégration en France : j'étais devenu par naturalisation citoyen français, je travaillais dans une institution tout ce qu'il y avait de plus officiel, le CNRS, j'avais un enfant qui allait à l'école comme tous les petits Français. Une autre raison est venue, un peu paradoxalement, de l'évolution même de mon travail. J'éprouvais le besoin d'établir un rapport plus clair entre l'objet que je cherchais à connaître et le sujet que j'étais – un rapport qui me paraissait pertinent dans le champ des sciences humaines, à la différence de ce qui se passe dans les sciences de la nature. J'ai ressenti comme une nécessité, dans mes écrits sur la littérature et les autres discours, non de m'épancher mais de nourrir ce travail par autre chose que la seule lecture des livres des autres : par mes intuitions personnelles, donc par mon expérience. Or un fait biographique était difficile à ignorer : j'étais un immigré, un Bulgare en France.

J'ai dû me rendre à l'évidence : je ne serais jamais un Français tout à fait comme les autres. Du reste, la femme que j'ai épousée à la veille de mon voyage en Bulgarie était, comme moi, une étrangère en France. Mon état actuel ne correspond donc pas à la déculturation, ni même à l'acculturation, mais plutôt à ce qu'on pourrait appeler la *transculturation*, l'acquisition d'un nouveau code sans que l'ancien soit perdu pour autant. Je vis désormais dans un espace singulier, à la fois dehors et dedans : étranger « chez moi » (à Sofia), chez moi « à l'étranger » (à Paris).

Je ne m'exagère pas l'originalité de cette expérience de biculturalisme. D'abord, je suis loin d'être le premier à l'éprouver ; dans le champ de la culture et des arts, nombreux sont ceux qui ont été attirés par des métropoles comme Paris ou Londres, New York ou Toronto, et ce nombre ne fait que croître tous les jours. De plus, les identités culturelles ne sont pas seulement nationales, il en existe aussi d'autres, liées aux groupes d'âge, de sexe, de profession, de milieu social ; de nos jours, donc, tout un chacun a déjà vécu, même si c'est à des degrés inégaux, cette rencontre des cultures à l'intérieur de lui-même : nous sommes tous des croisés. L'appartenance culturelle nationale est simplement la plus forte de toutes, parce qu'en elle se combinent les traces laissées – dans le corps et dans l'esprit – par la famille et la communauté, par la langue et la religion. Pourquoi, alors, est-elle vécue parfois dans l'euphorie, d'autres fois dans la détresse ?

Pour accéder à la transculturation, il faut d'abord en passer par l'acculturation ; pour pouvoir se détacher avec profit d'une culture, il faut commencer par la maîtriser, par la « parler ». Je peux évoquer la facilité que j'ai eue à m'assimiler en France, dans un premier temps, sans craindre de paraître immodeste, car elle n'implique aucun mérite personnel : elle était due, d'une part, à mon milieu familial, qui m'avait amené à faire des études supérieures et à apprendre des langues étrangères ; et, d'autre part, au régime politique qui régnait sur mon pays natal et qui a incité tant de mes anciens compatriotes à le fuir. Si mon départ avait été contraint au lieu d'être voulu, si j'étais arrivé en France privé de langue commune ainsi que de toute compétence professionnelle, j'aurais certainement eu beaucoup plus de mal à réussir ma première intégration. Celle-ci est, de toutes les façons, indispensable.

Admettons que cette première phase du contact entre cultures se soit déroulée sans encombre. A quoi pourrait servir, alors, la transculturation ? Au *dépaysement*, dans tous les sens du mot.

L'homme dépaysé, arraché à son cadre, à son milieu, à son pays, souffre dans un premier temps : il est plus agréable de vivre parmi les siens. Il peut cependant tirer profit de son expérience. Il apprend à ne plus confondre le réel avec l'idéal, ni la culture avec la nature : ce n'est pas parce que ces individus-ci se conduisent différemment de nous qu'ils cessent d'être humains. Parfois il s'enferme dans un ressentiment, né du mépris ou de l'hostilité de ses hôtes. Mais, s'il parvient à le surmonter, il découvre la curiosité et apprend la tolérance. Sa présence parmi les « autochtones » exerce à son tour un effet dépaysant : en troublant leurs habitudes, en déconcertant par son comportement et ses jugements, il peut aider certains d'entre eux à s'engager dans cette même voie de détachement par rapport à ce qui va de soi, voie d'interrogation et d'étonnement.

Ce livre même décrit, à la fois, un dépaysement géographique et quelques regards dépaysés.

Mon passage de Sofia à Paris m'a enseigné, je m'en aperçois maintenant, à la fois le relatif et l'absolu. Le relatif, car je ne pouvais plus ignorer que tout ne *devait* pas se passer partout comme dans mon pays d'origine. L'absolu aussi pourtant, car le régime totalitaire dans lequel j'avais grandi pouvait me servir, en toute circonstance, d'étalon du mal. De là, sans doute, mon aversion simultanée, dans la pratique du jugement moral, pour ces deux frères ennemis que sont le relativisme du « tout se vaut » et le manichéisme du noir et du blanc.

Le dialogue intérieur dont je parle ne saurait se subdiviser à l'infini. Je ne crois pas aux vertus du nomadisme systématique, de l'accumulation illimitée des emprunts culturels. Pour être à l'aise dans une culture, de nombreuses années d'apprentissage sont nécessaires ; la durée limitée de la vie humaine nous empêche d'aller au-delà de deux ou trois expériences semblables. A la Bulgarie et à la France s'est ajouté pour moi, depuis maintenant une trentaine d'années, un troisième pays, les Etats-Unis. Je ne pense pourtant pas encore le connaître vraiment : malgré les liens d'amitié et même de parenté qui m'attachent à plusieurs personnes qui y habitent, malgré les visites quasi annuelles, je dois admettre que ce pays est pour moi avant tout un lieu où je me rends pour exercer ma profession. Cela consiste, concrètement, à donner une conférence ou un cours dans le cadre d'un département de littérature – française, anglaise ou comparée. La vision que j'ai des Etats-Unis est donc tout à fait limitée : je n'y rencontre, pour ainsi dire, que des universitaires, j'habite moi-même une ville universitaire ou le quartier de l'université. Le reste du monde américain, je le perçois réfracté à travers les propos de mes interlocuteurs, les articles du journal ou les images de la télévision.

Ainsi, personne déplacée en trois pays, j'entretiens des rapports bien différents avec chacun d'eux. La Bulgarie est celui où j'ai grandi ; ce qu'il m'en reste aujourd'hui, à part les souvenirs personnels, est l'expérience – constitutive – de l'individu face à un régime totalitaire. La France est le pays où je vis, dont le destin me tient à cœur et dont je me sens le citoyen. Les Etats-Unis sont un lieu où je me rends pour exercer ma profession, où je rencontre des collègues plutôt que des compatriotes. La seule chose que ces trois pays ont pour moi en commun (mais d'autres sont dans le même cas) est que j'y ai trouvé des amis avec qui je continue de vivre aujourd'hui, en présence ou en absence. Les pages qui suivent leur sont adressées et, pour cette raison, dédiées.

PREMIÈRE PARTIE

Originaire de Bulgarie

1. L'expérience totalitaire

Le totalitarisme peut être décrit, et il l'a été, de différents points de vue : philosophique ou politique, économique ou sociologique. Je voudrais pour ma part, sans avoir à choisir entre ces perspectives, me placer à l'intérieur de la conscience des sujets dans un Etat totalitaire et évoquer l'image qu'ils se font du régime sous lequel ils vivent. Le plan sur lequel je me situe est celui d'un vécu commun, il a affaire à la psychologie collective dans ses rapports au politique. Je me fonde, pour l'établir, sur ma propre expérience et sur celle des personnes qui m'ont fait part de la leur. Il est vrai que, depuis mon départ de Bulgarie, je n'ai pas manqué de lire ce que divers auteurs avaient à dire au sujet du totalitarisme, et cela a certainement influencé ma manière d'évoquer et de comprendre le passé.

Traits constitutifs

Trois grandes caractéristiques du régime se présentent au regard de quiconque cherche à l'analyser : 1) il se réclame d'une idéologie ; 2) il use de la terreur pour orienter la conduite de la population ; et 3) la règle générale de vie est la défense de l'intérêt particulier et le règne illimité de la volonté de puissance. Maintenir ces caractéristiques séparées me paraît indispensable, aucune d'entre elles n'étant réductible aux autres. Le totalitarisme correspond à l'ensemble de ces traits et non à la seule idéologie qui était, pour ce qui me concerne, communiste, alors qu'elle était ailleurs nationale-socialiste.

Quelques mots maintenant pour préciser ces traits.

1) L'idéologie. Le contenu de l'idéal, l'image de la société parfaite sur terre qui est présentée comme le but de la société réelle, absorbe des influences lointaines : celle du millénarisme chrétien, celle des utopistes de la Renaissance, celle, plus proche déjà, des premiers penseurs du socialisme. Il ne serait toutefois que justice de l'accoupler au nom de Karl Marx, fondateur du mouvement communiste : c'est chez lui qu'on trouve les principaux ingrédients de la doctrine, tant économiques que sociaux.

Vivant dans une société totalitaire, on a tendance à sous-estimer l'importance de l'idéologie : tout cela paraît être pures paroles en l'air, poudre aux yeux, masque et mensonge, sans le moindre rapport avec la vie réelle. « Ils » nous parlent d'un avenir radieux pour tenter de nous faire oublier la grisaille du présent, « ils » évoquent le pouvoir du peuple pour cacher leur avidité personnelle de richesses et de privilèges. De plus, pour peu qu'on ait un reste de mémoire, on se rend compte que le contenu de l'idéologie, ou du moins l'interprétation concrète des grands principes, varie considérablement d'un moment à l'autre, alors qu'ils sont toujours présentés comme immuables car seuls vrais. L'évolution des rapports de l'Union soviétique avec l'Allemagne hitlérienne, à la fin des années trente, ou avec la Chine de Mao, au cours des années soixante, en propose des exemples particulièrement voyants, tirés de la politique extérieure ; il y en avait mille autres autour de nous.

Cependant, cette confrontation quotidienne avec le mensonge des grands slogans et la langue de bois risque de cacher le véritable rôle de l'idéologie. D'abord, certains domaines sont bien régis par des principes qui en sont dérivés (nonobstant des compromis avec le principe de réalité), ainsi une grande partie de la vie économique. De là vient la communauté des moyens de production ou de la terre, la primauté accordée à l'industrie lourde, etc. (c'est bien sûr ce qui explique les résultats invariablement catastrophiques de cette économie : plutôt que le souci d'efficacité, ce sont de grands principes politiques qui la gouvernent). Plus important, l'évocation de l'idéologie, quelle que soit la teneur de celle-ci, est indispensable en tant que geste rituel. Les pays totalitaires sont peut-être soumis au pouvoir d'une personne ou à celui d'une caste ; cependant – et cela est essentiel – ce pouvoir-ci ne doit jamais s'avouer tel, sous peine de disparaître. La référence idéologique est comme une coquille vide ; mais sans la coquille l'Etat ne tient plus.

2) La terreur. Qui a découvert que la terreur pouvait devenir le moyen pour diriger un Etat au quotidien et contraindre la population à faire ce que veulent ses dirigeants ? La réponse est moins évidente ici que pour l'idéal communiste. On peut dire que, dans une certaine mesure, un Hobbes prépare le terrain, en identifiant la peur de la mort comme la première et principale passion humaine (l'ayant appris, le tyran peut être tenté de fonder là-dessus son autorité). La Révolution française pratique déjà une forme de terreur d'Etat ; les révolutionnaires russes des années soixante du dix-neuvième siècle (Tkatchev, Netchaïev) envisagent une utilisation systématique de la terreur. Ernest Renan, dans ses *Dialogues philosophiques*, s'approche singulièrement de ce trait de l'Etat totalitaire : il pense que, pour s'assurer du pouvoir absolu dans une société d'athées, il ne suffit plus de menacer les insoumis des feux d'un enfer mythologique, mais il faut bien instituer un « enfer réel », un camp de concentration qui servirait à briser les révoltés et à intimider tous les autres. Il pense aussi à la nécessité de constituer une police spéciale, faite d'êtres dépourvus de scrupules moraux et entièrement dévoués au pouvoir en place, des « machines obéissantes prêtes à toutes les férocités ». Un Georges Sorel, au début du vingtième siècle, réfléchira à son tour à la légitimité de la violence.

Le mérite d'avoir systématisé ces idées et de les avoir mises en pratique revient pourtant incontestablement à Lénine, fondateur du premier Etat totalitaire, et à ses camarades bolcheviques. Ce sont eux qui articulent ces quelques principes simples : l'intimidation de la population dans son ensemble (Trotski : la révolution doit être conduite comme une guerre, « en tuant quelques individus isolés elle en effraie des milliers ») ; cette fonction de terreur sera confiée à un organisme particulier, appelé à l'origine la Tchéka, la Commission extraordinaire (Dzerjinski : « Notre appareil a des ramifications partout. Le peuple le craint »). Le maintien de la terreur sera légitimé par une phraséologie guerrière : « lutte des classes », « dictature du prolétariat ».

L'ennemi est la grande justification de la terreur ; l'Etat totalitaire ne peut vivre sans ennemis. S'il en manque, il s'en inventera. Une fois identifiés, ceux-ci ne méritent aucune pitié. Maxime Gorki, premier « classique » de la littérature soviétique, est l'auteur de cette formule brutale : « Si l'ennemi refuse de se rendre, il faut l'anéantir. » Pour se faciliter la tâche, on commencera par le déshumaniser : les épithètes habituelles qu'on lui accole sont « vermine » ou « parasite » (les nazis procéderont de même avec les juifs ou avec leurs ennemis politiques ; ils auront du reste le même usage macabre de l'adjectif « extraordinaire » : *Sonderkommando*, *Sonderbehandlung*). Ce qui permet aux policiers ou aux gardiens de camp de déclarer : « Nous, les communistes, sommes fiers de tuer un ennemi », ou encore : « Un ennemi de moins, un pain pour la patrie de plus. » Etre ennemi est une tare inguérissable et héréditaire : un ancien pensionnaire des camps aura toujours la priorité pour un nouveau bail et les enfants de la classe ennemie, la « bourgeoisie » (ou de sa variante paysanne, les « koulaks »), sont également des ennemis. La qualité d'ennemi ne peut être perdue, alors même qu'on peut la transmettre aux autres ; les ennemis sont contagieux : les amis (ou l'épouse, ou le mari) d'un ennemi sont également des ennemis.

L'idéologie nazie est très différente de l'idéologie communiste ; la machine de terreur est, elle, également présente ici et là. On insiste parfois sur le fait que les juifs étaient poursuivis non pour ce qu'ils avaient fait mais pour ce qu'ils étaient : des juifs. Il n'en va pourtant pas autrement du pouvoir communiste : il exige la répression (ou, aux moments de crise, l'élimination) de la bourgeoisie comme classe. La simple appartenance à cette classe suffit, il n'est pas nécessaire de *faire* quoi que ce soit ; et les enfants des bourgeois restent marqués du sceau de l'infamie. La Gestapo était, sans doute, plus brutale et plus cruelle que la Stasi, mais celle-ci se rattrapait sur la quantité : sur une population active de dix millions de personnes, l'Allemagne de l'Est comptait environ cent mille agents permanents, deux cent mille contractuels et près d'un million de collaborateurs occasionnels…

La terreur, c'est une menace de mort ou de répression, dont on sait qu'elle n'est pas parole en l'air. Une fois installée dans la société, elle la transforme en profondeur. Dans aucune société les hommes ne se réjouissent spontanément du bonheur d'autrui ; bien au contraire, c'est le malheur des uns qui fait la joie des autres, cette *Schadenfreude* dont parle (en français !) Montaigne, la « volupté maligne à voir souffrir autrui ». Dans la société totalitaire, le moyen de faire souffrir autrui – la terreur – est mis à la disposition de tous ; plus même, on est encouragé et loué d'avoir recours à ce moyen. Pour plonger mon prochain (mon supérieur, mon inférieur, mon rival, mon voisin, mon frère) dans le malheur, il suffit de le signaler, de la manière appropriée, aux organes du Parti ou de la Sécurité d'Etat (il y a perméabilité de l'une à l'autre institution). Dès lors, il n'aura plus d'avancement, sera privé de travail, expulsé de son logement, déporté en province, enfermé dans un camp, tué peut-être ! « Quiconque voulait, pour une raison ou une autre, envoyer quelqu'un à sa perte, pouvait le faire », constate un ancien détenu des camps bulgares. Le mal extrême mis à la disposition de tous, voilà l'innovation du système totalitaire.

3) Le règne de l'intérêt. Pour l'habitant de ce pays, la vie ne se déroule évidemment pas selon les principes codifiés dans les slogans officiels, mais selon de tout autres règles : c'est un combat sans merci pour s'emparer d'une meilleure part du gâteau. Ce sont le cynisme intéressé et la volonté de puissance qui régissent la vie quotidienne dans cette société ; ce sont eux aussi qu'on découvrira étalés au grand jour, une fois levé l'écran de l'idéologie. Ce trait n'est pas propre aux seuls régimes totalitaires, il y atteint cependant une puissance inconnue ailleurs ; le système est incompréhensible si l'on n'en tient pas compte.

Le règne inconditionnel de l'intérêt ne renvoie pas à l'idéologie de Marx ni même à la politique de Lénine. En revanche, dès la prise du pouvoir par Staline, il est bien en place. Le totalitarisme, tel qu'il a existé en Europe de l'Est, ressemble à cette seconde phase de l'Etat soviétique (dans cette partie du monde, tous les rythmes sont accélérés, et 1948 y correspond à 1934 en Russie : Staline est déjà au pouvoir quand sont instaurées les « démocraties populaires »). On sait que Staline liquidera rapidement toute l'ancienne garde bolchevique, tous ceux qui croyaient encore aux idées. Le communiste typique n'est plus un fanatique, mais un arriviste. Il est prêt à changer de convictions sur commande ; ce à quoi il aspire est le succès et la puissance de sa personne, non la victoire lointaine du communisme. Marx, Lénine et Staline sont bien les trois fées qui se sont penchées sur l'Etat totalitaire dans son berceau et qui l'ont pourvu de ses principales vertus.

L'installation de ce mode de vie cynique et égoïste correspond à une conception de l'homme et de la société dont il ne serait pas trop difficile d'établir la généalogie, même si ce troisième principe de la société totalitaire n'est jamais admis officiellement par elle. On pourrait évoquer ici les matérialistes français du dix-huitième siècle, un Helvétius, par exemple, qui voyait dans l'intérêt l'unique mobile des actions humaines. La psychologie de Nietzsche n'est pas non plus très loin ; lorsque celui-ci déclare : « Tout corps spécifique aspire à se rendre maître de l'espace tout entier et à étendre sa force (sa volonté de puissance), à repousser tout ce qui résiste à son expansion », on peut y voir une description assez précise de la lutte souterraine ou ouverte à laquelle se livrent les différents agents du pouvoir dans la société totalitaire. Plusieurs observateurs du monde soviétique ont déjà remarqué que Staline se comportait bien plus en adepte de Nietzsche que de Marx.

Les charmes secrets

Si un individu ordinaire désire monter dans l'échelle sociale, comment doit-il procéder ? Il cherchera à entrer au Parti, en se mettant à la disposition de ceux qui détiennent déjà le pouvoir, en donnant les signes d'une soumission totale et d'une application zélée. S'il y parvient, il aura quelques (maigres) avantages matériels ; et surtout, il jouira de privilèges symboliques et augmentera son pouvoir sur les autres : il décidera de l'accélération ou du ralentissement de leur carrière, voire du déroulement global de leur existence. S'il s'élève plus haut dans la hiérarchie du Parti, il aura accès à de nouveaux privilèges : maisons de repos réservées, appartement de qualité, voiture, magasins spécialisés, voyages à l'étranger. S'il monte jusqu'au sommet du Parti-Etat, il influencera la vie de millions de personnes. Si en revanche il ne parvient pas à entrer au Parti, il lui reste toujours la voie de la délation et de la calomnie : il pourra ainsi jouir, du moins ponctuellement, de sa puissance.

La condamnation unanime que suscite aujourd'hui le totalitarisme peut devenir un obstacle à sa compréhension. L'habitant d'une démocratie occidentale voudrait le croire entièrement étranger aux aspirations humaines normales. Or le totalitarisme ne se serait pas maintenu aussi longtemps, n'aurait pas entraîné autant d'individus dans son sillage, s'il en avait été ainsi. C'est au contraire une machine d'une redoutable efficacité. L'idéologie communiste propose l'image d'une société meilleure et nous incite à y aspirer : le désir de transformer le monde au nom d'un idéal n'est-il pas partie intégrante de l'identité humaine ? En même temps règne dans cette société la loi de survie du plus apte, et la jouissance du pouvoir y est affirmée comme vérité dernière de la condition humaine ; les valeurs de la « vie » se trouvent, elles aussi, confirmées. Autrement dit, idéologie et société se prêtent un secours réciproque et l'individu se rattrape sur l'une de toutes les déceptions qu'il a éprouvées à cause de l'autre.

De plus, la société communiste prive l'individu de ses responsabilités : ce sont toujours « eux » qui décident. Or la responsabilité est un fardeau souvent lourd à porter. Ne rêvons-nous pas tous secrètement, à certaines heures, de redevenir enfants, laissant aux parents le souci de prendre les décisions ? Le bonheur du prisonnier et l'angoisse de celui qui retrouve la liberté ne sont pas une invention arbitraire. L'attrait pour le système totalitaire, éprouvé inconsciemment par de très nombreux individus, provient d'une certaine peur de la liberté et de la responsabilité – ce qui explique la popularité de tous les régimes autoritaires (c'est la thèse d'Erich Fromm dans *La Peur de la liberté*) ; il existe une « servitude volontaire », disait déjà La Boétie. L'*homo sovieticus* s'identifiait automatiquement à ce qu'affirmait l'autorité et il en était rassuré ; mais nul autre *homo* n'ignore tout à fait cette tentation. C'est pourquoi il y avait quelque chose de déroutant dans l'expression « empire du mal » appliquée à l'URSS, alors même que, comparé à la démocratie, le totalitarisme est incontestablement un mal : cette expression permettait d'identifier le mal à un lieu et un régime, comme s'il nous était entièrement étranger, à « nous », incarnation confortable du bien. Pas plus qu'il n'est enfermé dans le diable, le mal n'est la propriété exclusive d'aucun empire.

Les groupes et l'individu

La société totalitaire est une *dictature pseudo-idéologique* : chacun de ces trois termes en décrit un ingrédient indispensable. Le résultat de leur interaction est la répartition de la population en plusieurs groupes bien distincts. Au sommet siègent tous les membres de l'appareil (Parti, Etat, police, armée), les privilégiés, la nomenklatura. A l'autre extrémité se situent les ennemis, manifestes ou latents, choisis en fonction de leurs agissements personnels ou de leur appartenance de groupe. Enfin, entre les deux, la majorité : les masses, ceux qui subissent « seulement » les inconvénients communs à tous.

L'idéologie communiste affirme que ces sociétés sont dépourvues de classes ; elle a partiellement raison, car les groupes en question ressemblent plus aux castes de certaines sociétés traditionnelles qu'aux classes propres aux pays capitalistes du dix-neuvième siècle. La différence principale entre groupes n'est pas dans le *statut* économique : puisque l'Etat est quasiment le seul employeur, de ce point de vue tous sont logés à la même enseigne. Comme pour les castes, les différences sont avant tout politiques, au sens large du mot ; elles consistent en l'attribution d'un certain nombre de droits et de privilèges.

Le principe d'égalité est constamment battu en brèche dans ces pays qui s'en réclament. On a du mal à imaginer tous les domaines de la vie qui peuvent être soumis à la politique des privilèges. Ainsi l'éducation des jeunes : tout le monde n'a pas le droit d'aller à l'université ni dans l'école de son choix. Ainsi le logement : on attribue les appartements (la crise du logement est permanente) en fonction d'un faisceau de critères politiques et sociaux. Ainsi l'approvisionnement : les magasins pour les membres du Comité central ne se confondent pas avec ceux du Bureau politique, encore moins avec les sinistres espaces aux trois quarts vides réservés au reste de la population. Ainsi la circulation : certaines rues sont ouvertes à tous, d'autres à quelques-uns seulement. Ainsi les voyages à l'étranger : certains n'y ont pas droit, d'autres ne peuvent aller que dans les pays frères, les uns ont accès aux devises, les autres non.

Ces nouvelles castes ont plusieurs traits en commun avec les castes traditionnelles. Une hiérarchisation minutieuse et complexe caractérise les unes et les autres. Car il n'y a pas seulement les trois grandes castes ; chacune d'elles se subdivise à son tour en plusieurs sous-castes bien délimitées. Etre membre du Parti ne vous avance pas encore à grand-chose, on peut ensuite progresser vers le Comité central, puis vers le Bureau politique (membres suppléants et membres titulaires, secrétaires et vice-secrétaires). Etre un policier ne vous assure qu'un très faible pouvoir ; être membre de la police politique est déjà une position plus enviable. En Bulgarie, celle-ci s'appelait la Sécurité d'Etat et y appartenir vous accordait un pouvoir redoutable. Cela ne suffisait pas à tous : au bout d'un certain temps, on créa une troisième police, l'UBO, véritable aristocratie de la répression, ayant notamment pour tâche de surveiller les membres de la Sécurité… D'un autre côté, comme dans les castes traditionnelles, l'appartenance est héréditaire : les enfants des privilégiés sont automatiquement des privilégiés, et la pratique de l'endogamie perpétue l'identité de la caste. D'où une évolution naturelle de ces sociétés vers le principe monarchique de la transmission du pouvoir : l'épouse de Ceausescu, le gendre de Brejnev, le fils de Kim Il-Sung, la fille de Jivkov sont naturellement désignés pour succéder au chef de l'Etat.

Ce qui différencie cependant les nouvelles castes des anciennes et les rapproche au contraire des classes, c'est la possibilité de changer de caste. Ce passage n'est pas facile, mais il existe. On peut, d'une part, se déclasser. Cela a été le cas d'un certain nombre d'anciens maquisards ou héros de la résistance qui, à force de rester « honnêtes », ont d'abord perdu leurs privilèges, pour se confondre avec la masse ; qui même, dans certains cas, sont devenus des « ennemis » et ont goûté aux désagréments de la déportation. Surtout, on peut aspirer à s'élever d'une caste à l'autre : d'ennemi, passer dans le groupe relativement tranquille des masses, ou des masses dans celui, plus convoité, de la nomenklatura. Pour cette raison, la société totalitaire est, comme les sociétés démocratiques et à l'inverse des cultures traditionnelles, un monde concurrentiel qui attise les ambitions personnelles. On peut partir de très bas et aboutir à la sphère du pouvoir suprême, il suffit pour cela de bien comprendre les règles du jeu.

Les grands moyens de promotion sont simples : servilité avec les supérieurs et délation envers les autres. La délation n'est pas un travers personnel ou passager : elle est un facteur structurel de la société totalitaire. Pour le pouvoir, elle est la garantie que rien ne lui échappera : ses agents ne suffiraient jamais à la tâche. Puisqu'on doit surveiller la population entière, il faut que celle-ci se surveille elle-même. Pour les individus, c'est le moyen de monter dans l'échelle des pouvoirs : dire du mal de son prochain, c'est éliminer un rival (sans parler de la satisfaction immédiate qu'on tire à décider du destin d'autrui). Peu importe si la délation est pure calomnie ou si elle contient des éléments de vérité (ce qui n'est pas difficile : personne n'est entièrement satisfait du régime, donc irréprochable) ; l'important, c'est de nuire à ceux qui vous entourent. Le seul problème que pose la délation est que, accessible à tous, elle peut aussi vous prendre pour objet ; des clans d'entraide et de solidarité se développent alors, qui vous portent secours en cas de coup dur.

Quant à la servilité, elle est d'usage obligatoire avec tous les supérieurs. Le « culte de la personnalité » n'est pas tombé du ciel et ne s'est pas reproduit par hasard dans tous les pays communistes. Les écrivains et les intellectuels se sont révélés des enjôleurs particulièrement inventifs, c'est pourquoi les chefs d'Etat les ont souvent admis dans leur intimité. Chaque petit chef en fait autant et le lèche-bottes actif est toujours sûr d'obtenir quelques faveurs – limitées seulement, là aussi, par les rivalités de clans et de personnes. C'est l'usage généralisé de la servilité et de la délation qui explique le délabrement général de la vie morale, l'épanouissement du cynisme dans les sociétés totalitaires.

Si l'on devait trouver un dénominateur commun aux traits caractéristiques de ces sociétés, ce serait leur opposition à l'autonomie de l'individu et au maintien de sa dignité. Dans une démocratie, l'individu a le sentiment d'agir en sujet autonome et par conséquent de rester un être digne lorsqu'il se conduit en fonction de ses propres décisions, c'est-à-dire de sa volonté. Peu importe que dans bon nombre de cas il s'illusionne et qu'il soit en réalité mû par des forces inconscientes en lui ou par des facteurs économiques et sociaux qui le transcendent ; le sentiment de dignité est le résultat de la représentation qu'il se fait de sa propre action, et son humanité même commence avec la possibilité de dire « non ». L'autonomie ne se confond pas avec la volonté de puissance illimitée : elle exige la liberté du sujet, non la soumission ou l'élimination des autres. Or tout dans la société totalitaire (et le terme est bien approprié à cet égard) vise à empêcher cette autonomie de l'individu, cette possibilité d'être la source de sa propre conduite. La vertu la plus grande, et la mieux récompensée, est la docilité ; le principe le moins toléré, l'insoumission.

La doctrine privilégie déjà, explicitement, le groupe au détriment de l'individu ; elle se donne les moyens de mettre ce dernier en échec, en le privant de toute autonomie économique. De là l'attaque contre la propriété privée, la nationalisation des moyens de production, la collectivisation des terres. De là, sur un autre plan, le souci d'endoctriner les enfants dès leur plus jeune âge (à travers l'école et les organisations parascolaires), la soumission au pouvoir central s'opposant à la solidarité familiale, source d'autonomie incontrôlable. Dans le même esprit, on conseille fortement aux épouses des « ennemis » (ou, le cas échéant, à leurs maris) de demander le divorce : le choix de l'individu doit se plier à celui de l'Etat. La terreur s'abat sur tous ceux qui osent penser différemment. L'une des pires tares est d'avoir gardé son sens de l'humour – signe de distance par rapport à l'autorité, et donc d'autonomie – et de raconter des anecdotes politiques. C'est pourquoi le totalitarisme n'a que faire des fanatiques : ceux-ci risquent un jour d'agir en accord avec leurs idées, alors qu'ils devraient obéir aux seules décisions du pouvoir central ; ont en revanche fait leurs preuves – et leur sont bien préférables – les « cadres » qui sont passés par plusieurs reniements successifs.

Cependant, le rejet de l'autonomie ne signifie nullement le retour à une société traditionnelle. On sait en effet que celle-ci se caractérise, pour parler comme les philosophes, par le règne de l'« hétéronomie », la loi venue d'ailleurs : de la profondeur des temps, de la sagesse ancestrale. L'autonomie de l'individu n'y a qu'une faible place. La société totalitaire, elle, participe de la modernité, au sens large : le monde social n'est plus perçu comme un donné immuable, il est bien plutôt le résultat d'un projet volontaire. Les hommes sont considérés ici comme les maîtres de leur destin, au lieu d'en être les jouets. Dans la société traditionnelle, c'est le passé qui est source de légitimation ; dans le monde totalitaire, c'est l'avenir : rien ne pourrait être plus différent. De ce point de vue, comme l'a observé Louis Dumont, le totalitarisme est un « pseudo-holisme », une mascarade : une société moderne qui choisit volontairement, et non par la force des traditions, de revêtir certaines formes sociales traditionnelles. La différence avec la démocratie n'est pas dans la simple présence ou absence d'une attitude volontariste mais dans la place qu'occupe l'individu par rapport à ce projet social : ici libre, là soumis.

Dédoublements

Face à la pression du pouvoir, le sujet individuel adopte une stratégie du dédoublement. Celle-ci consiste, essentiellement, en ce qu'il dispose de deux discours alternatifs, l'un pratiqué en public, l'autre en privé. Le discours public est celui-là même que diffusent la télévision, la radio, la presse, qu'on entend dans les réunions politiques ; c'est celui qu'il faut employer en toutes circonstances officielles. On use du discours privé chez soi, entre amis, ou pour tout domaine que l'idéologie ne touche pas de trop près, tel le sport ou la pêche.

Les deux discours, qui se caractérisent par une vocation à la totalité similaire à celle qu'ont les deux langues du bilingue, se distinguent entre eux par leur vocabulaire, un peu par leur syntaxe, mais surtout par le principe de leur fonctionnement. Le discours privé peut être régi par plusieurs exigences : ainsi par la recherche du plaisir de l'interlocuteur ; ou encore par ce qu'on pourrait appeler la vérité d'adéquation, les paroles énoncées devant décrire le monde ou exprimer les opinions du sujet de la manière la plus exacte possible. Le discours public, lui, ne se soucie que d'une « vérité » de conformité : pour être jugée, la parole n'est pas confrontée à la réalité empirique, pas plus qu'on ne s'interroge sur le plaisir éventuel du partenaire ; l'unique exigence est qu'elle soit conforme à d'autres discours déjà existants et connus de tous, à une opinion juste sur toute chose.

Ce dédoublement n'est pas le seul que connaît la société totalitaire. Orwell en a immortalisé une autre variante sous le nom de *doublethink*, doublepensée. Dans *1984*, il raconte que le Parti a introduit une technique de manipulation des consciences, qui porte ce nom. Pour des raisons inhérentes à sa forme de dictature, le Parti énonce souvent des affirmations contradictoires ; en même temps, il déclare sa complète et constante cohérence. Comment ces deux actes de langage peuvent-ils être réconciliés ? Par la technique de la doublepensée, justement. Elle consiste, selon Orwell, à « savoir et ne pas savoir, avoir la conscience d'être complètement véridique alors qu'on dit des mensonges soigneusement agencés, retenir simultanément deux opinions qui s'annulent l'une l'autre, les savoir contradictoires et les croire toutes deux, employer la logique contre la logique, répudier la morale au moment même où l'on s'en réclame... ». Ce qui rappelle étrangement cette autre description, provenant, elle, de Bertolt Brecht, chantre et non plus adversaire d'un régime totalitaire : « Celui qui lutte pour le communisme/doit savoir se battre et ne pas se battre/dire la vérité et ne pas la dire/tenir ses promesses et ne pas les tenir/s'exposer au danger et fuir le danger/se faire reconnaître et rester invisible. »

En un mot, cette « technique » permet de faire l'économie de la loi de non-contradiction, de trouver une logique là où règne l'incohérence. Devant ces données irréconciliables – les énoncés contradictoires, d'une part ; l'exigence de non-contradiction, de l'autre –, le Parti choisit d'agir sur la seconde, non en acceptant les contradictions mais en habituant la raison à ne pas les percevoir comme telles lorsque cela concerne la politique du Parti.

Un autre rapprochement encore vient facilement à l'esprit : la dissidence, telle qu'elle était pratiquée dans les dernières décennies du régime communiste, a également trait au dédoublement. Placés devant les mêmes données irréconciliables, l'incohérence des actes et la cohérence de la pensée, les dissidents font le choix inverse : ils maintiennent l'intégrité de la pensée et dénoncent les contradictions du monde dans lequel ils vivent. Il est intéressant de remarquer que, bien avant la période de la dissidence, le grand penseur russe Mikhaïl Bakhtine en avait décrit la possibilité et prévu certaines des conséquences extrêmes. A l'époque, Bakhtine (ou son ami et prête-nom Volochinov) voulait se montrer conforme à l'idéologie officielle (sa déportation et son propre « dédoublement » étaient pourtant imminents) ; en décrivant les variétés de ce qu'il appelait le « dialogue intérieur », il en venait à identifier une forme en quelque sorte pathologique, celle où les voix intérieures ne correspondent plus à des options idéologiques stables et familières. « Dans des conditions sociales particulièrement défavorables, une telle séparation entre la personne et le milieu idéologique qui la nourrit peut conduire en fin de compte à une décomposition totale de la conscience, à la folie ou à la démence. »

La pluralité des voix aboutit alors, pourrait-on dire, à la schizophrénie (si l'on veut garder à ce terme sa signification commune de scission de la personnalité, d'incohérence mentale, et son association à une forme de détresse). La doublepensée est aussi une sorte de folie, puisqu'on décide d'accepter l'incohérence, voire la contradiction ; c'est comme un vaccin que le Parti voudrait inoculer à tous pour que l'incohérence de la pensée soit en harmonie avec l'incohérence du monde : nous serions ainsi immunisés. Pour Orwell et les dissidents, la folie – qu'ils voient à l'œuvre dans la politique du Parti – est cernée à l'aide d'un critère interne et qualitatif (c'est, en somme, l'acceptation de la contradiction), alors que le Parti, lui, identifie la folie des dissidents (puisqu'il les enferme effectivement dans des hôpitaux psychiatriques) à l'aide d'un critère externe et purement quantitatif : ils ne pensent pas comme tout le monde est censé le faire, ils ne peuvent donc être que fous. Etre contre le régime c'est être contre la norme, c'est être anormal.

La doublepensée imposée par le Parti demande qu'il n'y ait qu'une espèce de discours, tout au long de la vie du sujet, mais ce discours accepte la contradiction en son sein. Le dissident, de l'autre côté, pratique un même discours en toutes circonstances, qui obéit lui-même à la loi de non-contradiction et par lequel il dénonce les contradictions et les incohérences du monde. Le dédoublement que j'ai évoqué précédemment, en revanche, et qui est bien plus commun que ces deux attitudes extrêmes, dispose de deux discours, en général en contradiction l'un avec l'autre, mais dont chacun est adapté au contexte dans lequel il est employé. Le Parti exige la seule « vérité » de conformité, les dissidents pratiquent la seule vérité d'adéquation. Le gros de la population, ceux qui ne se sentent pas une âme de héros ou de martyr mais désapprouvent le régime, se réfugie dans une espèce de schizophrénie sociale (et non plus personnelle) : en public, ils affectent d'approuver les mots d'ordre officiels et font montre de docilité ; en privé, ils sont tous d'accord pour en dire du mal et essayent de n'en faire qu'à leur tête. C'est bien ainsi que nous nous conduisions, mes amis et moi, du temps où je vivais à Sofia.

Ce que je décris là, même si je donne l'impression de couper les cheveux en quatre, n'est encore qu'une situation type. En pratique, les choses sont bien plus complexes. J'ai posé comme des entités bien délimitées le Parti, d'un côté, le dissident, de l'autre. Cette opposition est tranchée sur le plan des principes, plus problématique dès qu'on a affaire aux personnes : le membre du Parti a évidemment, lui aussi, un discours public et un discours privé. Cela est vrai même pour les fonctionnaires du Parti (les membres de ce qu'Orwell appelle le « Parti intérieur ») ; simplement, les seuils de séparation entre les discours ne coïncident pas ici et là. La différence est grande entre les paroles proférées à la tribune d'un congrès et celles échangées entre collègues sur leur lieu de travail, situations pourtant toutes deux publiques. La frontière du privé et du public est du reste bien mouvante : à tel moment, le discours public s'étend à l'interprétation des films, des livres, des faits historiques, mais pas au-delà ; à tel autre, il couvre aussi les relations personnelles : il existe une façon conforme d'aimer, ou d'être ami, et une seule ! La vérité d'adéquation, qu'on croit essentielle au discours privé, se révèle souvent n'être, de son côté, que la vérité d'une autre conformité, antérieure ou extérieure à celle du moment. Les oppositions manquent donc de netteté mais, je puis en témoigner, nous ne les ressentions pas moins.

Lorsque je rencontrais une personne quelconque, il était exceptionnel qu'un discours homogène soit produit de part et d'autre, ou, situation inverse, que deux discours entièrement différents s'affrontent. C'était en réalité toujours une hiérarchie de discours qui s'articulait à une autre hiérarchie, semblable mais non identique. Chose remarquable, le passage de l'un à l'autre discours, le choix des registres verbaux, était parfaitement maîtrisé par tout un chacun, sans que cette technique ait été apprise à l'école, ni même jamais nommée. Ce qui laisse supposer qu'au-delà des discours eux-mêmes, public ou privé, chacun de nous possédait un cadre englobant, une instance régulatrice qui décidait de la dose de public et de privé, de conformisme et de lucidité à faire entrer dans tel ou tel propos particulier.

Nous savions tous jongler avec ces différents registres de la parole, brancher tantôt l'un tantôt l'autre circuit, selon les besoins du moment (les gens de ma génération, qui avaient grandi après l'avènement du communisme, et les générations suivantes étaient plus à l'aise dans cet exercice que nos aînés : nous semblions avoir absorbé cette compétence juste après le lait maternel). Pourtant, nul n'était à l'abri de la défaillance et, par là, de la culpabilité. Au milieu de la nuit, resté seul, on se rendait subitement compte de tous les dégâts causés par ce souci d'adaptation qui devait toujours rester en éveil, de l'automutilation dont il était responsable. On sentait monter en soi l'envie de sortir dans la rue et de crier à tue-tête la vérité, la simple vérité – comme un fou ; on savait pourtant qu'on n'allait pas le faire. Là gît la différence entre le sujet des pays totalitaires et celui d'un autre pays : celui-ci ignore non pas la division introduite dans son discours par le clivage entre public et privé, entre vérité d'adéquation et « vérité » de conformité, mais le sentiment de ne pouvoir échapper, quoi qu'il fasse, à la faute et à la culpabilité.

C'est, paradoxalement, ce qui assure la vitalité du totalitarisme. Pratiquant massivement le dédoublement, la plupart des sujets du régime se tiennent pour quittes : dans ce qu'ils considèrent être leur vraie vie (le domaine privé), ils lui échappent. En réalité, le totalitarisme s'accommode bien de cette manière qu'a chacun de se consoler : cela lui laisse les mains libres là où il le souhaite. Ayant accepté la « vie-dans-le-mensonge », pour parler comme Vaclav Havel, l'individu devient son complice : tel est « l'autototalitarisme de la société ». Il n'était donc pas vrai, comme on voulait le penser, que seul le système était « mauvais », alors que les individus, eux, étaient « bons ». Nous étions tous contaminés.

Qui, dans une société totalitaire, n'aurait rien à se reprocher ? Celui qui n'aurait pas vécu. Comme le remarque Havel, le propre des dictatures totalitaires, à la différence des tyrannies traditionnelles, est qu'il n'y a pas une minorité qui opprime une majorité, mais que chacun se trouve pris, par des facettes différentes de son être, dans le mécanisme de la répression : tous ont été, au moins à un faible degré, son sujet et son objet, simultanément bourreaux et victimes. « Chacun est tout ensemble prisonnier et gardien de prison. » La frontière passe à l'intérieur de tout un chacun, y compris les membres du Comité central : dans une partie de mon être, je subis le système, et j'en souffre ; par une autre, je le fais marcher. Telle est la tragique condition de vie que le totalitarisme impose à l'individu.

2. Les camps

J'ai vécu en Bulgarie jusqu'en 1963 ; les camps de concentration n'occupaient aucune place dans mon univers d'alors. Ceux qui y étaient enfermés avaient pourtant habité les mêmes lieux que moi et je m'étais rendu coupable des mêmes « crimes » : je portais les mêmes habits, j'écoutais la même musique, je racontais les mêmes histoires drôles et je nourrissais les mêmes sentiments à l'égard de la police. Leur monde m'était parfaitement familier, avec ses interdits et ses ruses, ses personnages engageants ou méprisables. J'ignorais pourtant tout des camps. J'étais déjà un adulte et ne cherchais pas à me fermer les yeux, ni à me boucher les oreilles devant ce qui m'entourait ; pourtant, le fait est là : l'horreur était à mes côtés, je l'ignorais et ne faisais rien pour qu'elle cesse. Je me rends compte que cela n'était pas dû au seul hasard : j'appartenais à un milieu relativement privilégié qui me mettait – dans une certaine mesure – à l'abri des « ennuis » que connaissaient les autres. Je ne cherche pas à me culpabiliser aujourd'hui, je sais même que je n'ai rien de particulier à me reprocher ; mais je sais aussi qu'à cause de ce passé je ne pourrai jamais me dire : ces histoires ne me concernent pas.

Ce que j'affirme ici des camps, je l'ai appris longtemps après leur fermeture, après que les langues de leurs anciens pensionnaires se furent déliées [1].

1. Tous les témoignages d'anciens détenus sont tirés, sauf indication contraire, du recueil *Au nom du peuple* (Editions de l'Aube, 1992).

Fonctions des camps

Les camps de concentration sont doublement emblématiques des régimes totalitaires : ils en sont à la fois une pièce maîtresse, puisqu'ils incarnent cet « enfer réel » dont parlait Renan et servent, plus encore que la mort elle-même, de fondement à la terreur ; et un concentré quintessentiel, dans la mesure où le pays tout entier est organisé à la manière d'un camp au régime allégé. Une société dans laquelle les camps de concentration sont impensables ne peut plus être qualifiée de totalitaire. La Bulgarie, qui fait à peu près le cinquième de la France, en territoire comme en population, a connu environ une centaine de camps de concentration entre 1944 et 1962, avec un nombre de détenus difficile à évaluer mais probablement proche de 100 000 personnes.

Toute société, bien entendu, dispose d'un lieu où elle enferme ceux qui enfreignent ses lois. Mais la question importante ici est de savoir si l'enfermement est décidé par la justice ou par l'administration et s'il aboutit à la prison ou au camp. Dans les pays de l'Est, comme en Allemagne nazie, c'est l'administration (la police) qui envoyait au camp ; la justice, elle, dirigeait les condamnés vers la prison. Cette différence est cruciale et elle était à juste titre montée en épingle par David Rousset, cet ancien déporté de Buchenwald qui avait engagé, dans les années cinquante, le combat contre les camps staliniens. Les détenus des camps s'y trouvent sans jamais avoir été condamnés, par simple décision de police ; une loi spéciale organise cet arbitraire. La raison précise de cette situation est claire : le but des camps n'est pas de punir les coupables (ceux-ci sont jugés et emprisonnés), mais de terroriser la population en frappant les innocents. Les condamnés vont en prison, ce sont ceux qui ne peuvent pas l'être qui se retrouvent au camp. (En Union soviétique, il est vrai, la masse des condamnés est telle qu'aucune prison ne pourrait les contenir ; ils iront donc peupler les camps subarctiques.)

Pourtant, la justice communiste n'est souvent qu'une parodie de justice ; chacun sait aujourd'hui comment étaient montés les fameux procès staliniens des années trente, qui devaient servir de modèle aux procès des années quarante et cinquante en Europe de l'Est. Les conditions de vie dans certaines prisons, où les tortures, voire les assassinats, étaient monnaie courante, n'avaient rien d'enviable. Il n'empêche : ceux qui ont goûté aux deux parlent de la prison presque avec nostalgie et les rares personnes qui sont parvenues à s'enfuir d'un camp de concentration commettaient parfois un petit crime pour se retrouver dans la sécurité d'une prison. La procédure judiciaire a beau être réduite à une pure formalité, elle est mieux que rien : l'accusation doit produire des preuves, la défense ose parfois démontrer l'inanité de celles-ci. Aussi scélérate que soit la loi, elle engage les deux partis en présence, l'autorité et le sujet qui lui est soumis ; aussi terrible que puisse être la geôle, elle a une règle que l'on peut respecter et elle préserve par là la dignité élémentaire de l'individu.

Les camps imposent d'abord au détenu un régime beaucoup plus dur, puisqu'il s'agit de travaux forcés. Pourtant, le pire n'est pas là ; si seulement ces détenus avaient été condamnés aux travaux forcés ! Ils n'ont été condamnés à rien et la clé de leur situation est justement dans l'arbitraire dont ils sont victimes. Puisqu'il n'y a pas eu de jugement, ils ne savent pas pour combien de temps ils se trouvent au camp : six mois ? dix ans ? jusqu'à ce que mort s'ensuive ? Puisqu'on ne leur a infligé aucune punition légale, ils ne peuvent savoir en quoi consistera leur régime, ils sont simplement remis entre les mains de quelques tortionnaires dont les intentions sont impénétrables mais certainement pas bienveillantes.

Chaque camp privilégie sa propre forme de répression : la faim à Buchenwald, le froid et la fatigue à la Kolyma. La particularité des camps bulgares – et spécialement de Lovetch, le pire de tous (en activité en 1959-1962) – semble avoir été la torture, sous sa forme la plus primitive : les coups de bâton. Votre libération ou du moins l'amélioration de vos conditions de vie et donc votre vie tout court ne dépendent d'aucune règle, aussi absurde fût-elle, mais de l'humeur de l'individu qui vous fait face, muni d'un gourdin, et dont tout vous porte à croire qu'il vous hait, vous méprise et ne trouve de satisfaction qu'à vous voir souffrir. Dépendre ainsi de la volonté capricieuse d'un individu (même si ce caprice est encadré par une politique d'ensemble) est pire que d'être soumis à la loi la plus rigoureuse.

Profils de détenus

Qui, exactement, est envoyé dans les camps ? La réponse officielle à cette question est simple : les ennemis. Etant donné que les véritables ennemis sont condamnés et emprisonnés (ou fusillés), que, au surplus, ils ne sont guère nombreux, il apparaît à l'évidence que cette réponse demande à être soumise à l'exégèse. Si l'on interroge non plus les documents officiels, mais les détenus réels, on découvre progressivement son sens véritable. L'Etat totalitaire a besoin d'ennemis, or il n'en a pas (les individus qui osent le combattre sont rares) ; il s'emploiera donc à présenter comme des ennemis toutes sortes de personnes qui ne le sont pas. Pour y voir plus clair, on pourrait les regrouper en quelques grandes catégories qui seraient : les adversaires ; les non-conformistes ; les rivaux.

Les adversaires sont des individus qui expriment des opinions politiques différentes de celles que défend la ligne officielle du Parti-Etat ; ce sont, en somme, de véritables « oppositionnels ». Dans les pays d'Europe de l'Est, on peut distinguer trois vagues d'opposition. La première est celle de toutes les personnalités impliquées dans « l'ancien régime », souvent compromises par la collaboration avec les Allemands ; cette opposition-là sera réduite à néant au lendemain de la guerre. La seconde vague est celle des partis antifascistes non communistes, qui avaient eu la naïveté de pactiser avec les communistes en 1945, et qui seront éliminés avant 1948. La troisième est celle de l'opposition communiste, en 1949-1953, depuis la rupture avec Tito jusqu'à la mort de Staline, où la fracture la plus fréquente se produisait autour du thème « défense de l'intérêt national *ou bien* fidélité à l'Union soviétique ».

A chaque fois, les figures principales sont simplement liquidées ; les membres de leur entourage, leurs familles, leurs collaborateurs sont dirigés vers les camps. Le trait commun des individus relevant de cette catégorie est d'avoir effectivement exprimé des désaccords avec la ligne officielle, même s'ils ne se sont jamais comportés en ennemis et n'ont pas menacé par la force l'existence du nouveau pouvoir. C'est celui-ci qui, pour les besoins de sa propre cause, transforme les adversaires en ennemis. L'Etat totalitaire n'admet aucune pluralité d'opinions, tout désaccord appelle donc l'écrasement.

La seconde catégorie, infiniment plus vaste, fournit l'essentiel de la population des camps et, surtout, elle ne se tarit jamais (alors qu'on ne peut plus parler, en Bulgarie par exemple, d'une opposition après 1950). Ses membres ne combattent pas la ligne officielle de façon frontale, mais ne s'y soumettent pas avec suffisamment d'empressement et font preuve, dans un domaine quelconque, d'un certain degré d'autonomie. Ils représentent de vastes couches de la population. En font partie, par exemple, tous les paysans qui renâclent à se joindre avec enthousiasme aux nouvelles coopératives et à renoncer à leur unique cheval ou vache. Ou tous ceux qui persistent à vouloir gagner leur vie sans devenir des fonctionnaires d'Etat, en revendant des vieux objets ou en travaillant à leur propre compte : ils seront qualifiés de fainéants et de « tripoteurs de marché noir ». Ou les chrétiens pratiquants. Ou les homosexuels. Ou les jeunes gens qui aiment trop la bagarre (la catégorie de « voyous » est l'une des plus extensibles).

Quelques variantes de ce « non-conformisme » méritent une attention particulière. L'une est celle où le terme s'applique littéralement : ce sont les personnes dont les mœurs s'écartent de la norme admise, même si le rapport de cette norme avec la politique reste des plus mystérieux. Ainsi les modes vestimentaires : les garçons qui affectionnent les pantalons moulants, les filles en minijupes se retrouvent, après un ou deux avertissements, dans un camp de concentration dont il n'est pas sûr qu'ils reviennent vivants. Toute musique ayant le moindre rapport avec le jazz ou le rock est suspecte, car occidentale et donc ennemie ; toute danse postérieure au tango, aussi. Un témoin – metteur en scène de cinéma à l'époque – se souvient d'avoir été arrêté et jugé, en 1964, pour avoir dansé le twist ; les attendus de la condamnation (il échappe au camp) précisent que « nous ne sommes pas contre les danses modernes mais il y a deux manières de les danser, l'occidentale, ou capitaliste, et la nôtre, la socialiste ». Toute relation sexuelle extramaritale peut entraîner la déportation (pour « dissipation des mœurs ») ; l'information la concernant est donc systématiquement utilisée comme moyen de chantage.

Une autre grande justification de la répression se trouve dans les « contacts avec l'étranger ». Fréquenter les étrangers eux-mêmes, en mission au pays ou touristes, sportifs ou commerçants, est toujours suspect, car risquant de favoriser l'autonomie du sujet ; le pouvoir produit donc l'accusation d'espionnage. Admirer les objets d'origine occidentale (« se livrer aux louanges de la technologie impérialiste ») est également dangereux et, plus encore peut-être, étudier et pratiquer des langues comme le français, l'anglais, l'italien (l'espagnol n'était plus suspect depuis la victoire du communisme à Cuba) : un traître potentiel n'est pas moins à surveiller qu'un traître réel. De même, lire de préférence des auteurs « occidentaux » vous marque.

Même la plus petite forme de protestation verbale peut vous conduire au camp. Un quidam s'y retrouve parce que, dans l'interminable queue devant la boulangerie, il s'est permis de maugréer : « Le grain pour Moscou, la paille pour nous » ; un autre parce qu'il a blagué : « Du pain chaud ? On n'est pourtant pas à la veille d'élections ! » De nombreuses personnes sont déportées et internées parce qu'elles ont répété une anecdote sur le chef de l'Etat-Parti ou sur le Grand Frère. Tel autre le sera parce qu'il a mentionné devant son voisin une nouvelle entendue à la BBC (cela s'appelle « diffuser des rumeurs nuisibles à l'Etat »). D'autres, enfin, ont été persécutés non pour avoir commis une infraction, aussi infime fût-elle, mais pour avoir manqué de servilité, ne pas avoir fait de dénonciations, ne pas avoir manifesté un empressement suffisant au cours d'un défilé ou d'une des périodes de travail manuel obligatoires (les « brigades »). On lit, dans une délation qui décidera du destin d'une femme : « A un comportement hautain, se donne de l'importance devant les autres. Ne choisit pas son milieu en fonction de la nouvelle morale socialiste. »

La dernière catégorie de détenus (numériquement moins importante) est constituée par de simples rivaux de personnages mieux placés qu'eux, lesquels ont trouvé ce moyen commode pour s'en débarrasser : c'est la conséquence de la mise à la disposition de tous de la machine répressive. Une femme divorcée gagne à la loterie de quoi s'acheter un appartement ; son ex-mari, un policier, la fait envoyer au camp et s'empare du logement. Une autre surprend son mari avec une inconnue et lui fait une scène en public ; le mari, un officier, se débarrasse de l'épouse intolérante en la faisant déporter. Un homme veut protéger l'honneur de sa fille contre les avances du secrétaire du Parti au village, un autre, l'honneur de sa femme, contre la convoitise du responsable local d'une organisation de masse : ils en prennent l'un et l'autre pour cinq ans de camp. Le voisin trouve que votre maison lui fait de l'ombre, or son frère travaille au ministère de l'Intérieur : vous devez partir au camp, sans même avoir eu le temps de faire votre valise. Ces exemples illustrent un trait fondamental de la société totalitaire : la facilité avec laquelle on peut transformer le rival – la personne qui, pour une raison ou une autre, vous gêne – en ennemi.

La suite est simple : si le futur « ennemi » ne se met pas, après un avertissement, à pratiquer avec empressement la servilité et la délation, il est arrêté, battu s'il est un homme, et envoyé dans un des nombreux « Foyers de redressement par le travail » (nom officiel des camps en Bulgarie).

Vie quotidienne

Comment décrire la vie qu'il y mènera ? En mars 1962, un membre du Bureau politique, qui lui-même a été interné dans un camp pendant la guerre en tant que résistant communiste, entre au camp de Lovetch à la tête d'une commission d'enquête. En fait, depuis plusieurs mois déjà, le niveau de vie s'y est fortement amélioré et la plupart des détenus ont été relâchés. Néanmoins, son impression est si forte que, trente ans plus tard, il s'en souvient encore : « Les conditions de vie dans les camps fascistes étaient bien meilleures. J'ai été bouleversé… »

Les camps sont gérés par une équipe d'officiers de la police politique. Ceux-ci ont généralement le même profil social : issus de familles paysannes pauvres, ils se sont engagés très jeunes dans la résistance communiste. Après la guerre, ils ont été rapidement promus, recevant, en guise d'éducation, un entraînement dans les écoles du Parti, parfois en URSS ; ils doivent tout au Parti et lui sont dévoués sans le moindre état d'âme. Ils ne se préoccupent pas d'idées, quelques clichés leur tiennent lieu de pensée et ils exécutent avec zèle les ordres qui leur sont transmis ; la question même de leur justesse ne leur traverse jamais l'esprit. Ce sont des êtres assez frustes, moyennement rusés, qui ne font preuve d'aucune imagination ni compassion. Il n'est pas surprenant qu'ils révèlent, pour la plupart (il y a des exceptions ; certains policiers vont jusqu'à démissionner), des penchants sadiques : ils sont mis dans une situation d'irresponsabilité totale, où ils peuvent même recevoir de l'avancement pour le mauvais traitement des détenus ; ils se laissent aller au plaisir de sentir que l'on dispose du destin des autres, qu'on peut leur infliger la souffrance ou la mort. Ils ne se seraient pas comportés en sadiques en d'autres circonstances ; ce sont des gens ordinaires qui ont trouvé là un moyen facile pour goûter à la jouissance du pouvoir.

Ils sont secondés dans leur travail par des policiers subalternes et, surtout, par des « chefs de brigade », droits communs ou « politiques » complaisants, responsables du travail, l'équivalent des kapos dans les camps nazis, qui se servent d'un gourdin en guise de langue. Ce sont eux qui, habituellement, frappent et tuent.

Voici quelques tableaux, tirés de la vie des détenus dans le camp de Lovetch. Au cours de l'appel du matin, le chef de la police (le responsable de la Sécurité d'Etat au camp) choisit ses victimes ; il a l'habitude de sortir de sa poche une petite glace et de la leur tendre : « Tiens, regarde-toi pour la dernière fois ! » Les condamnés reçoivent alors un sac, qui servira le soir à ramener leur cadavre au camp : ils doivent l'emporter eux-mêmes, comme le Christ sa croix en gravissant le Golgotha. Ils partent pour le chantier, en l'occurrence une carrière de pierre. Ils y seront frappés à mort par les brigadiers en chef et mis dans leur sac, que l'on referme avec un morceau de fil de fer. Le soir, leurs camarades les ramèneront au camp, étalés sur une charrette à bras, et les cadavres seront stockés derrière les toilettes – jusqu'à ce qu'il y en ait vingt, pour que le camion ne fasse pas de voyage à vide. Ceux qui n'auront pas rempli la norme pendant la journée seront distingués au cours de l'appel du soir : le responsable de la police dessinera du bout de son bâton un cercle par terre ; ceux qu'on invite à y entrer seront écrasés de coups.

Les éléments de ce régime extrêmement dur – norme de travail surhumaine, coups en permanence, conditions de vie exécrables – n'ont qu'un seul et unique but : briser toute résistance intérieure de la part des détenus. Ceux qui ne se soumettent pas mourront ; les autres seront réduits au silence docile. Les plus petites traces d'autonomie seront éliminées, les derniers retranchements de la dignité démolis. Voici la journée du détenu, décrite par un ancien pensionnaire des camps : « Dès l'aube obscure, il est brutalement arraché au seul repos autorisé, et toute la journée, des ténèbres aux ténèbres, il est debout, toujours en mouvement, sans la possibilité de s'asseoir ni de se coucher, sous tension constante et ininterrompue, affamé et souvent assoiffé, abattu et physiquement épuisé, alors qu'en même temps, pour qu'il ne cherche pas délassement et consolation dans sa pensée, au-dessus de sa tête claquent le fouet, les injures et les ordres grossiers des gardiens ou hurle dans ses oreilles une musique importune » (Guéorgui Jetchev, *Captifs au pays*).

Le seul moyen de soulager sa condition est de collaborer avec les autorités. Aux anciens adversaires on demande de signer une déclaration, par laquelle ils renoncent solennellement à leurs vues antérieures. Tous peuvent aussi aspirer à devenir des mouchards ou à passer du côté des cogneurs. Peu le font. Ce n'est pas par héroïsme ni par esprit de résistance, mais par une sorte de résignation. En revanche, tous intériorisent la peur et se soumettent sans protestations. Les détenus se parlent peu entre eux, ils n'en ont ni le temps ni la force. « Il m'arrivait de n'échanger aucun mot avec personne pendant si longtemps, se souvient l'un d'entre eux, que je parlais à un mur pour m'assurer que je n'en avais pas perdu l'habitude. »

Ils ne se plaignent pas et n'ont aucune honte de leur soumission totale. Qui plie ne rompt pas : il n'est pas d'autre moyen pour survivre. « Je me taisais, dit une détenue, pour survivre, à cause de mon fils. Tôt ou tard l'esclave revient, mais de la tombe nul ne revient. »

Cet effet d'intimidation s'étend à la famille et aux amis des détenus. L'un des responsables des camps, naïf ou perfide, remarque à l'époque : « Les proches des tués ont toujours été informés, mais il n'existe aucun cas où ils se seraient plaints ou auraient posé des questions sur les causes de la mort », comme si c'était là une preuve que tous trouvaient juste ce qui était arrivé. En réalité, la répression est si brutale que personne ne se risque à se plaindre, de peur d'en devenir la prochaine victime. « On m'a appelé pour me dire que mon frère était décédé. Je n'ai pas trop osé demander de quoi. Pour ne pas avoir à aller prendre sa place. » Les plaintes étaient orales, jamais écrites, se souvient un magistrat. Trente ans plus tard, les anciens détenus hésitent toujours à en parler. « J'ai des enfants… Demandez à un autre. »

La population environnante ne sympathise pas avec les internés. D'abord, il est beaucoup plus commode de prendre pour argent comptant les étiquettes collées sur eux par les autorités : ainsi, on n'aura pas à se reprocher de ne pas avoir réagi contre l'injustice. De surcroît, il est plus prudent de ne pas fourrer son nez partout : si l'on se tient loin des pestiférés, on risque moins d'être contaminé. Pourquoi ne pas profiter de cette main-d'œuvre gratuite, se disent les responsables locaux, puisqu'il s'agit de récidivistes incorrigibles ? Un paysan dont la maison jouxte le camp dit aujourd'hui : « Je n'ai pas vu, je n'ai pas entendu, je ne peux rien dire. » C'est ainsi et ce serait ainsi demain si la situation se répétait.

Cette intimidation du reste de la population fait partie, bien entendu, d'un projet d'ensemble. Les camps sont tenus secrets et personne, en dehors des individus directement impliqués, ne sait exactement ce qui s'y passe ; en même temps, la rumeur des camps doit se répandre et l'on doit trembler à la seule mention de leur nom, sinon ils ne rempliraient pas leur fonction. Nous en venons là à leur rôle non plus d'instrument mais d'image concentrée du pays tout entier : l'idée des camps est au pays ce que le coup de gourdin sur la tête est au détenu, un rappel du principe de terreur. Tout comme personne ne peut s'enfuir du camp, le pays tout entier est entouré de barbelés. On tire à vue sur celui qui tente de les franchir.

La propagande communiste postérieure à la chute du Mur a parfois essayé de présenter les choses autrement et a attiré l'attention sur le fait que tel camp avait été fermé par la direction du Parti, à la suite d'une enquête qu'il avait diligentée ; ce serait là la preuve que les camps étaient une perversion de sa politique et non sa pièce quintessentielle. A y regarder de plus près, on s'aperçoit que ces suppressions de camps ne sont jamais complètes : on en ferme un ici, on en ouvre deux là, on libère les détenus en mai pour les reprendre en septembre (en Bulgarie, les camps existaient toujours dans les années quatre-vingt, malgré les déclarations contraires ; on y enfermait des membres de la minorité turque). Ensuite, on découvre que la suppression n'implique guère un désaveu d'importance : alors que des crimes ont été perpétrés dans les camps, aucune poursuite judiciaire n'est engagée et leurs anciens responsables, au lieu d'être punis, sont promus et décorés. Enfin – et c'est là le plus important –, des mesures de répression plus légères mais du même type sont pratiquées sur l'ensemble de la population tout au long de la dictature communiste.

Ainsi, en particulier, des innombrables suspensions de privilèges et diminutions de droits qui frappent chaque personne suspecte : impossibilité d'habiter ici, de travailler là, de se faire soigner à tel autre endroit, d'étudier telle discipline, de fréquenter telles personnes. Ainsi de toutes les autres formes d'intimidation : attaques physiques par des « voyous » mystérieux, contrôle du courrier, écoutes téléphoniques, insinuations, persécutions. Ainsi de la déportation, ou assignation à résidence, dans un coin reculé du pays. Il s'agit encore d'une mesure purement administrative, qui frappe les ennemis potentiels (mais moins dangereux) et parfois leurs familles. Du jour au lendemain, on se trouve sans travail et sans logement, interdit de séjour dans sa ville, obligé de s'installer dans un village éloigné, où l'on pourra tout juste travailler la terre et trembler sous les ordres d'un petit chef local, tout en se rendant quotidiennement au poste de police pour faire acte de présence.

Un camp de concentration aux dimensions du pays entier ne peut pratiquer constamment un régime sévère ; mais on peut faire en sorte que la population n'oublie jamais que c'en est un et qu'à l'intérieur il en est de plus petits, dont on risque de ne jamais revenir. J'ai mis des années, après mon arrivée en France, avant de cesser de baisser la voix et de regarder derrière moi, chaque fois que je commençais à parler de la politique en Bulgarie : la leçon avait porté.

3. La fin du communisme

La société totalitaire forme un ensemble cohérent et, la preuve en est faite, viable. Son efficacité est incontestable : les êtres humains reculent devant la terreur et se plient aux contraintes ; dans un pays comme la Bulgarie, la répression initiale avait été d'une telle brutalité qu'il n'y eut, pendant trente ans, aucune « dissidence ». Cette société possède aussi, on l'a vu, des séductions plus secrètes. Il a suffi pourtant de deux petites années, 1989-1991, pour que les régimes communistes disparaissent de la carte de l'Europe. Comment le miracle a-t-il pu se produire ? Quelles étaient les failles secrètes de cette société – puisque c'est bien pour des raisons internes que l'empire s'est écroulé et non sous les coups des pays extérieurs au camp communiste ? (Ces coups, rares, ne l'ont pas beaucoup inquiété, même si la menace d'une « guerre des étoiles » n'a pas été sans effets.) L'effondrement final révèle qu'il y avait bien des lézardes dans l'édifice, mais quelle était exactement leur nature ?

Raisons de l'effondrement

Le régime totalitaire est marqué par des tensions en quelque sorte structurelles. On a vu le rôle ambigu qu'y jouait l'idéologie, à la fois indispensable et superflue. Pour être efficace, la terreur doit être absolue, or seule l'idéologie lui fournit la légitimation nécessaire. Lorsque le cynisme remplace la foi, il faut au moins maintenir les apparences de la foi : on essaie alors de s'accrocher au rituel. Cependant l'idéologie – devenue simple formalité, pur cérémonial auquel personne ne croit – est menacée par l'usure ; de ce fait, elle ne remplit plus son rôle, la terreur se relâche et la dissidence s'étale au grand jour. Une contradiction semblable se niche dans le rôle réservé à la volonté de puissance. Celle-ci est à la fois cultivée et bannie, elle règne en maîtresse incontestée et pourtant il faut être prêt à y renoncer à tout moment, même si l'on s'est élevé jusqu'au sommet du pouvoir. On découvre à ce moment qu'il est finalement plus rentable de jouer le jeu de la légalité, qui implique un renoncement partiel à ses ambitions mais vous garantit la tranquillité et vous donne l'assurance de ne pas perdre les avantages acquis.

On peut constater aussi, de façon très générale, que si le totalitarisme est mort aujourd'hui en Europe, ce n'est pas parce qu'il n'était pas « bien » (une société injuste peut durer indéfiniment) mais parce qu'il n'était pas « vrai » ; ou plus exactement parce qu'il reposait sur des hypothèses concernant l'homme et la société qui se sont révélées fausses.

L'hypothèse dont l'absurdité est apparue très vite aux yeux de tous concerne l'économie. Une économie entièrement centralisée et planifiée est condamnée à l'échec. C'est pourquoi les régimes communistes se voyaient périodiquement contraints à des politiques du type « NEP », qui niaient leurs principes mêmes ; ils étaient obligés, tout aussi périodiquement, de réprimer les velléités d'enrichissement induites par ces politiques, pour empêcher l'acquisition d'une quelconque autonomie de la part des agents économiques. A cet égard le nazisme, qui eut la prudence de ne pas s'encombrer d'un programme économique dicté par l'idéologie, s'est montré nettement plus efficace que le communisme. Le « communisme de marché » chinois, lui, pourrait se maintenir bien plus longtemps que son cousin soviétique.

Les hypothèses de caractère anthropologique ou psychologique, bien que moins évidentes, ont probablement joué un rôle plus important encore. Il n'est sans doute pas vrai que les êtres humains aspirent « naturellement » à la liberté ; on a vu en quel sens on pouvait même soutenir la thèse inverse. Il est certain, en revanche, que les habitants de l'Europe du vingtième siècle (différente des sociétés traditionnelles) aspirent à l'exercice de l'autonomie, qu'ils désirent se penser comme le sujet de leurs actions et que pour cette raison la soumission exigée par l'Etat totalitaire ne peut les satisfaire longtemps. On peut forcer les plantes à pousser horizontalement, remarquait Rousseau ; dès qu'on cesse de les contraindre, elles se redressent et repartent vers le haut. Un individu peut être effrayé à vie et ne plus jamais vouloir relever la tête, mais tout le travail d'« éducation » sera à recommencer avec son enfant, ou même son voisin.

C'est également se montrer piètre psychologue que de se contenter de la vulgate hobbesienne et nietzschéenne, selon laquelle la société est « naturellement » le lieu de la guerre de tous contre tous, où chacun cherche seulement à étendre sa puissance au détriment de tous les autres. Cela revient à épouser une vision hyper-individualiste de l'homme où les « autres » ne sont qu'obstacles à éliminer ou rivaux à soumettre, où l'individu se suffit à lui-même. Or cette jouissance solitaire est une illusion ; on a besoin des autres pour recevoir de leur regard la confirmation même de son existence et la reconnaissance de sa valeur. Par conséquent, il faut ménager ces autres, et la terreur n'est ici d'aucun secours. On veut être estimé et respecté par les inconnus, aimé et chéri par ses proches ; il ne suffit pas pour cela de disposer d'une grande force.

Tout aussi erronée s'est révélée l'hypothèse, qu'on trouve chez Helvétius ou chez Nietzsche, selon laquelle la morale est entièrement « artificielle », simple soumission aux conventions de la société ou masque dont s'affublent notre avidité et notre ambition. Non, le sentiment du juste et de l'injuste naît sans contrainte dans l'esprit de chacun ; il peut être endormi pendant des années, mais un rien suffit pour le réveiller. Ainsi s'expliquait déjà, dans le passé, le caractère « imparfait », incomplet, du totalitarisme : à tout échelon du pouvoir, il était possible (bien que rare) de rencontrer un individu honnête, aux réactions surprenantes. A partir du moment où les contacts avec l'étranger se sont multipliés, cela a permis l'apparition des dissidents, ces opposants moraux qui comptaient sur leur notoriété à l'Ouest pour survivre à l'Est.

Le pouvoir communiste ne s'est pas effondré simplement parce que les sujets soumis, indispensables pourtant à sa survie, avaient cessé de le soutenir : chez la majorité d'entre nous, le désir de liberté est moins fort que la peur de la mort. En théorie, les millions de soumis sont plus forts que le tyran solitaire ; en pratique, les individus se trouvent confrontés, un à un, aux appareils écrasants de la police, de l'armée, du Parti. La fin du régime s'est décidée ailleurs : dans l'évolution générale des esprits. La distance croissante entre la réalité vécue et ses représentations officielles a fini par provoquer une mutation : chez les opposants, dans les masses et jusque dans la nomenklatura. Le régime avait tout prévu sauf cela : qu'un jour son chef suprême écoute le diktat de sa conscience plutôt que celui de son intérêt et qu'il interdise de tirer sur les révoltés. C'est ce jour-là que le glas du régime a définitivement sonné et son fossoyeur, peut-être involontaire, s'appelait Mikhaïl Gorbatchev.

Que l'effondrement du totalitarisme communiste s'explique par une sorte de victoire de la vérité sur l'erreur pourrait nous donner quelques raisons pour ne pas désespérer. Non qu'on puisse se déclarer optimiste : ce régime s'est bien maintenu pendant plusieurs générations, or chacun de nous n'a qu'une vie à vivre. Simplement, le pire n'est ni inévitable ni irréparable ; quelque chose dans l'être même de l'homme et de ses sociétés les empêche de s'installer pour toujours dans l'autodestruction.

Mélancolie post-totalitaire

Les événements politiques qui se sont déroulés pendant l'année 1989 dans les pays d'Europe de l'Est, de la Pologne à la Bulgarie, ne pouvaient que remplir de joie tous ceux à qui tenait à cœur le destin de ces pays et, au-delà, tous ceux qui se sentaient concernés par les combats pour la justice. Quarante-cinq années d'oppression communiste venaient de prendre fin, une sombre page de l'histoire de l'humanité avait été tournée. Même si la situation n'était pas également claire partout, il était certain que tous ces pays allaient dans la même direction et que ce mouvement était préférable à ce qui précédait. La joie devait être d'autant plus grande que le changement était venu par surprise : on l'attendait depuis si longtemps qu'on n'y croyait plus ; le totalitarisme communiste semblait avoir atteint une perfection dans son genre, qui devait lui assurer une survie éternelle.

Nous nous sommes tous réjouis sur le moment (j'ai appris la chute de Jivkov le jour même de l'événement, à New York, par un coup de téléphone venant de Toronto : un ami là-bas, Mitko, en avait été informé par ses proches en Bulgarie et appelait à son tour toutes ses connaissances susceptibles d'apprécier la nouvelle). Pourtant, au bout de quelques semaines, je me suis aperçu qu'aux sentiments de joie se mêlait aussi une certaine mélancolie – qui n'avait rien à voir avec une quelconque nostalgie pour le totalitarisme. Cette mélancolie se situait sur un autre plan que celui envisagé par les commentaires politiques ou les analyses économiques : celui de l'expérience des individus, d'un processus psychologique à la fois privé et commun.

Une expérience qui a pris des formes différentes selon qu'on appartenait aux pays de l'Est ou à ceux de l'Ouest. Pour ce qui concerne ces derniers, elle tenait essentiellement, comme l'a montré Pascal Bruckner dans son livre *La Mélancolie démocratique*, à la disparition de l'ennemi. Le totalitarisme était un repoussoir idéal pour la démocratie ; son effondrement a créé un sentiment de vide. Si on a passé sa vie à combattre une doctrine ou même simplement à s'y référer comme à une évidence, sa disparition vous laisse quelque peu désorienté ; l'idée démocratique même a perdu beaucoup de sa pugnacité. Le ressortissant des pays de l'Est vit la même chose d'une façon un peu différente. Même si, pour ma part, j'oscille constamment entre les deux attitudes, c'est la variante « orientale » de l'expérience que je voudrais décrire ici.

Je dois dire tout de suite que, pour ceux dont j'essaie de saisir la réaction, la dépression post-totalitaire ne procède pas d'une indignation devant l'engouement pour les biens matériels qui s'est manifesté après l'ouverture des frontières. Quelques intellectuels et politiciens allemands ont eu des mots durs pour leurs concitoyens, qui se ruaient dès qu'ils le pouvaient sur les magasins de l'Allemagne de l'Ouest. A les en croire, les vertus civiques avaient été abaissées par un vote en faveur de la banane (Otto Schily), le soulèvement moral avait été noyé dans le chocolat et l'aspiration vers la liberté avait transformé les masses naguère opprimées mais néanmoins dignes en « une horde furieuse avançant en rangs serrés vers la bimbeloterie clinquante » des magasins à l'Ouest (Stephen Heym). Ne peuvent parler ainsi que ceux qui ont oublié ou qui n'ont jamais connu l'humiliation personnelle que constitue le manque permanent des biens de consommation les plus élémentaires : celle des queues silencieuses et hostiles, celle que vous infligent des vendeurs qui semblent furieux de vous voir entrer dans leur magasin, celle qui consiste à devoir toujours acheter ce qu'on trouve, non ce dont on a besoin. La pénurie systématique de biens matériels porte atteinte à la dignité morale de l'individu. En se jetant sur les magasins, les habitants de l'Est ne pensent pas tant à se remplir le ventre ; ils jouissent d'une liberté que le consommateur occidental n'éprouve plus, tant elle lui est habituelle.

La mélancolie dont je parle prend ses racines ailleurs : non dans une honte devant les réactions présentes, mais dans la difficulté d'absorber le passé immédiat et dans l'inquiétude que suscite le proche avenir.

Vesko, un ami bulgare, me dit qu'il se sent aujourd'hui comme le personnage d'une nouvelle de Maupassant, *La Parure*. Une jeune femme aux revenus modestes emprunte à une riche connaissance une rivière de diamants pour la porter au bal ; par malheur, le collier est volé. La femme met un point d'honneur à rendre le bijou : elle emprunte une somme énorme, et rachète un collier identique. Le reste de sa vie en est bouleversé : elle la passe à rembourser la dette contractée. Des années plus tard, alors que sa vie est déjà sur le déclin, elle rencontre son ancienne bienfaitrice et lui rapporte fièrement l'incident. « Ma pauvre amie, s'exclame celle-ci, les diamants étaient faux, le collier ne valait rien. »

Au lendemain de l'effondrement du totalitarisme, il faut régler ses propres comptes avec le passé. Tant qu'on pensait avoir en face de soi une force incontournable, les souffrances avaient un sens. Du jour où, selon un mot d'esprit plus tragique qu'il n'y paraît, on déclare que le communisme est une voie tortueuse conduisant du capitalisme au capitalisme, les habitants des pays ex-totalitaires ne voient plus le sens de cette vie. Imaginons un instant, pour marquer le contraste, un conflit de type classique. Les Bruns envahissent le pays des Rouges, les soumettent et les font souffrir ; les Rouges rassemblent leurs forces, reprennent le combat et finissent par se libérer, en écrasant à leur tour les Bruns. Les vaincus expient, les vainqueurs triomphent : tout est simple et clair. Or rien de semblable ne peut se produire avec l'effondrement du communisme. Plutôt que d'une victoire, il s'agit de la reconnaissance d'une erreur – qui a duré le temps d'une vie humaine et dont presque toute la population s'est rendue complice. Elle s'est battue contre des moulins à vent (ou, plus souvent, elle a souffert à cause d'eux), elle a payé pour un faux collier. Les vainqueurs méritent autant sinon plus de commisération que de félicitations.

Dans le désarroi, on tâtonne à la recherche d'une solution. Comment surmonter la culpabilité diffuse que tous ressentent sans tomber dans un travers plus grand encore, celui du refoulement volontaire ? Quelques-uns – souvent les moins compromis – s'adressent à eux-mêmes de cruels reproches. Quelques autres – en général ceux qui ont la conscience particulièrement lourde – fustigent les faiblesses passées de leurs concitoyens et crient vengeance. Beaucoup d'autres décident qu'ils vont tout oublier, ou même qu'ils n'ont jamais rien su, pour pouvoir continuer de vivre sans se torturer inutilement. Car qui n'a pas à se reprocher ne serait-ce que quelques petites lâchetés, quelques acquiescements de trop, quelques indifférences coupables ?

Gérer le passé

Depuis de longues années déjà, je ne vis pas en Bulgarie. Je ne sais pas comment j'aurais réagi dans les mêmes circonstances et je m'abstiendrai de donner des conseils à ceux qui devraient les mettre en application dans leur vie de tous les jours. Je ne peux que formuler ma réaction d'observateur concerné, de proche éloigné.

Trois plans de l'expérience collective méritent d'être clairement distingués : celui de la conscience historique, qui joue un rôle dans la vie publique ; celui de la légalité et de la justice ; celui, enfin, de l'épreuve psychique qui s'impose à chacun.

Commençons par le premier. Toute société a un devoir envers son passé : elle doit empêcher qu'il soit irrémédiablement effacé. Ce n'est pas qu'il faille soumettre le présent au passé, ni que toutes les leçons du passé soient également recommandables. La mémoire collective préfère habituellement retenir, dans le passé de la communauté, deux types de situations : celles où nous avons été ou des héros victorieux, ou des victimes innocentes. Les deux permettent de légitimer nos revendications présentes. Or ces situations, qui peuvent avoir réellement existé, contribuent à nous aveugler sur le présent plutôt qu'à nous rendre lucides. Les pages les moins glorieuses de notre passé seraient les plus instructives, si seulement nous acceptions de les lire entièrement. Le passé est fructueux non quand il nourrit le ressentiment ou le triomphalisme, mais quand son goût amer nous amène à nous transformer nous-mêmes. Un peuple doit recouvrer son passé non pour le ressasser, ni pour légitimer ses revendications présentes – entraînant ainsi le cycle interminable des vengeances et des représailles ; les guerres balkaniques sont un bon exemple des désastres provoqués par une mémoire strictement littérale –, mais pour y trouver une leçon en vue de l'avenir ; pour tenter, méditant les injustices du passé, de ranimer l'idéal de la justice elle-même. Il ne reste pas moins qu'il faut commencer par connaître ce passé.

Des voix se sont élevées, dans les anciens pays communistes, qui, au nom de la paix civile, prêchent le refus de s'occuper du passé. Ceux qui parlent ainsi ne voient que leur propre intérêt à court terme et cherchent simplement à effacer les traces de ce qui leur apparaît maintenant comme autant de crimes. Ce faisant, ils s'accablent eux-mêmes : en qualifiant les enquêteurs de « charognards » ou de « nécrophages », ils confirment la présence de cadavres. Ils perpétuent la politique du secret et, plus généralement, du contrôle centralisé de l'information, caractéristique des régimes totalitaires (les méthodes d'action de la police politique y relevaient du « secret d'Etat »).

Le refoulement est aussi dangereux pour le groupe que pour l'individu, car il est lourd d'explosions futures. Si l'on veut surmonter le passé, il faut d'abord que son histoire soit établie ; aucune entrave ne doit empêcher la recherche de vérité. La large diffusion de l'information a toujours été la première arme contre les camps de concentration et donc contre le totalitarisme ; elle doit servir aujourd'hui à en éliminer les séquelles. Il est impératif que les archives (de l'Etat, du Parti, de la police) soient arrachées à la destruction et que des historiens, d'obédiences idéologiques diverses, y aient libre accès, afin de reconstituer l'image du passé dans toute sa complexité.

Il n'est pas d'autre règle que la transparence absolue. Si l'on escompte un effet bénéfique pour la société tout entière, il faut que les citoyens ordinaires puissent en profiter aussi ; l'Allemagne post-communiste a montré la voie, en garantissant la consultation libre des archives pendant une durée déterminée. Bien entendu, on risque de découvrir des délateurs chez ceux-là mêmes qu'on croyait être des amis ; mais la pire révélation vaut mieux que le soupçon et l'incertitude.

La seconde question concerne l'attitude légale que doit adopter le nouvel Etat envers les individus les plus marqués par leur expérience dans l'ancien régime, que ce soit à l'un ou l'autre extrême, parmi les « ennemis » ou dans la nomenklatura. Le cas des victimes est peut-être le plus simple. Ceux qui sont morts – exécutés sommairement, ou sous les coups dans les camps, ou des conséquences des mauvais traitements – doivent être honorés, comme le sont les victimes d'une guerre. Ceux qui se sont enfuis à l'étranger doivent être lavés de tout opprobre et rétablis dans leurs droits. Tous les déportés des camps devraient recevoir des dédommagements matériels pour le tort qui leur a été causé.

De tels gestes n'effaceront pas les souffrances passées, mais ils leur donneront au moins un sens et permettront d'atténuer un peu le sentiment d'avoir été victime d'une injustice absurde. Consolation toute relative, bien sûr. Comment aider cet intellectuel tchèque qui a signé la Charte des dissidents en 1977 et, en conséquence, a travaillé les douze années suivantes dans les chantiers en tant que manœuvre : il est « réhabilité » aujourd'hui, mais il est proche de la retraite ; les possibilités perdues ne seront jamais rattrapées. Que dire de cet autre qui a passé quinze (ou trente, ou quarante-cinq) ans à s'adapter, tout en essayant de préserver le maximum de lui-même : comment mesurer le tort subi ? A quoi lui serviront toutes les ruses accumulées ? Sur le plan de l'Histoire, ces petits drames sont sans importance ; dans une vie individuelle, ils pèsent lourd : quinze ans, c'est long, très long.

Le destin des bourreaux soulève des problèmes plus difficiles, comme l'a montré l'expérience de la dénazification. La première difficulté provient de l'omniprésence du crime. Comment dénazifier un pays où tout le monde, ou presque, avait acquiescé au nazisme ? Où trouver des juges, des ingénieurs, des administrateurs, des professeurs qui n'aient pas participé, peu ou prou, à l'ancien pouvoir ? La différence, dans le cas communiste, vient de l'absence d'Alliés victorieux, ce qui implique que chaque pays doit régler ses comptes tout seul. En principe, il faudrait distinguer clairement entre la responsabilité morale, qui concerne la conscience collective ou individuelle, et la culpabilité légale, qui seule relève des tribunaux. Distinction, il faut pourtant l'admettre, plus facile à dire qu'à faire.

Les témoignages recueillis auprès des divers responsables du système concentrationnaire en Bulgarie illustrent cette difficulté de façon presque caricaturale. Personne ne se sent coupable : le kapo-tueur parce qu'il avait le sentiment d'être privé de sa propre volonté, d'être un pur instrument entre les mains de ses supérieurs ; les responsables du camp parce qu'ils appliquaient scrupuleusement le règlement et les directives ; le vice-ministre de l'Intérieur, chef direct de l'ensemble des camps, et le ministre lui-même parce qu'ils obéissaient aux instructions du Bureau politique et du Conseil des ministres, ou à celles du Chef suprême, Jivkov. Les explications de ce dernier, on les connaît par ailleurs : il n'a jamais voulu ces excès, ces perversions, ces dévoiements de la justice communiste qui, dans le contexte historique de l'époque (lutte des classes exacerbée, menaces extérieures), apparaissait comme parfaitement appropriée. Non seulement lui et ses proches collaborateurs n'ont jamais tué personne, mais ils ignoraient que les déportés avaient été remis entre les mains de sadiques sanguinaires, seuls coupables de ces débordements.

La responsabilité monte de degré en degré, comme une bombe qu'on se passe de peur qu'elle ne vous explose entre les mains ; cependant, celui qui est en haut de l'échelle la lance à la personne tout en bas et le jeu recommence à nouveau. Le coupable, ce n'est pas moi, c'est le voisin.

Ce système de défense ne doit rien au hasard ; il est le reflet fidèle de la structure même de ce qu'on peut appeler le crime totalitaire. A la différence de ce qui se produit dans le crime ordinaire, son agent n'agit jamais seul. Décideurs et exécutants sont clairement séparés ; ainsi les uns gardent les mains propres, les autres, la conscience tranquille. En outre, chacune de ces instances se subdivise elle-même en plusieurs compartiments, répartissant les parcelles de responsabilité entre des agents fort nombreux. En haut : le ministre de l'Intérieur fait une proposition pour instituer de nouveaux camps car il croyait que le premier secrétaire était étonné de ne pas la voir venir ; celui-ci affirme au contraire qu'il s'est trouvé contraint par cette proposition, alors qu'il aurait bien aimé s'en passer. En bas : celui qui, le matin, donne le premier coup sur la tête du détenu ne tue pas, il se contente de frapper un peu, puisque c'est son travail et son devoir ; celui qui, le soir, achève le même détenu agit, paraît-il, par esprit de commisération, en délivrant un mourant de ses souffrances. Entre les deux : une bureaucratie pléthorique s'emploie à transformer les horreurs concrètes en données statistiques insipides et à traduire en termes de régime quotidien les mots d'ordre abstraits provenant du sommet du pouvoir.

La responsabilité est répartie entre les nombreux agents de

chaque action, en sorte que personne n'ait à la penser dans son ensemble, depuis son principe jusqu'à ses conséquences matérielles ; de cette façon, personne ne se pose des questions gênantes. Ce qui assurait, hier, l'efficacité du mécanisme garantit, aujourd'hui, le sentiment d'impunité de ses agents.

A côté de cette fragmentation, et donc dilution, de la responsabilité le long d'une chaîne d'exécutants, un autre obstacle de taille rend difficile la poursuite légale des anciens bourreaux : c'est qu'ils agissaient, eux, dans le cadre de la loi. Mis à part certains dépassements de compétence, ils obéissaient non seulement à leurs supérieurs, mais aussi à la plus stricte légalité. Quant aux excès sadiques, ils sont généralement couverts par la prescription : les sévices se sont faits plus rares avec les années.

C'est pour contourner cette double difficulté légale qu'on a proposé d'instituer, dans les anciens pays communistes, des tribunaux du type de Nuremberg (ou analogues à celui qui a jugé Barbie et Touvier en France), qui poursuivraient les accusés pour crimes contre l'humanité ; dans un tel cas, ni la soumission à une loi en vigueur ni l'ancienneté des faits ne justifieraient la suspension de procédure. Sans entrer ici dans le fond du débat sur les crimes contre l'humanité, je pense qu'une telle solution est, en l'occurrence, peu souhaitable. Les camps de concentration et les formes de violence qu'ils autorisent, voire cultivent, ne sont pas une perversion du système totalitaire ; ils en sont une pièce essentielle, une conséquence logique, une expression condensée. Ceux qui ont dirigé les camps de concentration n'ont été ni moins logiques ni plus excessifs que ceux qui ont géré l'industrie ou les plus petites communes du pays. Le hasard a voulu que l'Etat totalitaire prépose certains de ses agents à la répression, d'autres à la politique des « cadres ». Les uns n'ont été ni moins ignobles ni moins malveillants que les autres. On ne peut condamner une pièce de l'Etat totalitaire et laisser en paix les autres, car toutes se tiennent. D'un autre côté, on ne peut condamner tous les agents d'un Etat qui s'est perpétué pendant quarante-cinq ans. A se multiplier à ce point, le crime échappe à sa punition.

Que faire ? Faut-il se dépêcher de déclarer une amnistie générale et se conduire comme si, pendant la nuit totalitaire, tous les comportements se valaient ? Ce serait mentir et commettre une injustice criante, non seulement envers les victimes survivantes, mais envers l'idée même de justice, que de renoncer à juger quand les actes ont été d'une telle gravité.

A situation nouvelle, remèdes inédits. Mis à part certains cas relativement simples (des crimes, sadiques ou autres, non couverts par la prescription peuvent être jugés au regard des lois toujours en vigueur), les crimes totalitaires dans les pays communistes me semblent relever non de la justice mais de la conscience collective du pays. J'imaginerais volontiers la constitution d'un jury d'honneur, composé de personnalités respectées, connues pour leur conduite digne sous le régime communiste. Leurs jugements jouiraient de la plus grande publicité et ils auraient pour compétence d'établir les responsabilités politiques et de prononcer des sanctions qui touchent non à la liberté des individus (qui sont de toutes les façons pour la plupart des vieillards qu'il faudrait aussitôt relâcher), mais à leur honneur.

Il est inadmissible que les responsables des camps de concentration, cette plaie de l'humanité, puissent continuer à jouir chez eux de leurs décorations, de leurs privilèges, symboliques et matériels, voire de la totalité de leurs droits civiques. Les responsables : cela veut dire, bien sûr, non les tueurs et cogneurs, ni même les officiers de la Sécurité d'Etat qui sévissaient dans les camps et qui ne quitteront jamais la mémoire de leurs victimes, mais les chefs politiques dont celles-ci ignoraient les visages et souvent jusqu'aux noms : les membres du Bureau politique, les ministres de l'Intérieur, la direction centrale des camps. L'essentiel n'est pas de punir tel ou tel, mais de rétablir l'idée de vérité et de justice dans un pays où celle-ci a été bafouée pendant près d'un demi-siècle.

Je crains toutefois que cette proposition, aussi modeste soit-elle, ne soit jamais adoptée : à l'heure où j'écris, ce sont de nouveau les (ex-)communistes qui se retrouvent au pouvoir, en Bulgarie comme dans les autres pays d'Europe de l'Est, et ils n'ont aucune intention de laisser maltraiter leurs pères, beaux-pères ou oncles.

Séquelles du traumatisme

Je me suis placé jusque-là sur le plan de la légalité et des mesures pratiques à prendre afin de pouvoir vivre aujourd'hui avec son passé. Pourtant, une fois ces mesures prises, le problème n'en reste pas moins entier. L'histoire d'un peuple ne relève que fugitivement de la loi et elle continue de hanter la conscience des individus qui le composent longtemps après que les jugements ont été rendus. L'expérience totalitaire – avec son paroxysme, les camps – est un traumatisme collectif que l'on ne guérit pas du jour au lendemain. David Rousset l'avait bien dit, devant le tribunal de Paris, en janvier 1951 : « Le monde des camps n'est pas grave parce qu'on y souffre et parce qu'on y meurt ; le monde des camps est grave parce qu'on y vit. C'est que l'homme y est devenu une déchéance complète à l'égard de lui-même ; mais c'est aussi parce que les gardes de cet homme sont devenus une déchéance complète à l'égard d'eux-mêmes ; c'est parce qu'un pays où des camps de concentration existent est pourri jusqu'à la moelle. Le monde concentrationnaire est une contagion inévitable et c'est en cela qu'il est le malheur le plus grand qu'on puisse connaître. » La tumeur est aujourd'hui extirpée, mais le corps porte encore les stigmates de sa présence.

On ne doit pas plaindre autant les anciens bourreaux que les anciennes victimes ; pourtant, tous sont à plaindre. Les participants actifs du système de répression ont l'âme déformée à tout jamais : ils durent se rendre naguère insensibles à tout ce qui pouvait troubler leur quiétude ; aujourd'hui, ils doivent se convaincre, pour eux-mêmes et pour leurs proches, qu'il n'y a eu aucun mal dans le passé et qu'ils ne sont coupables de rien. Les innombrables délateurs et lèche-bottes ont souvent été pris entre l'enclume et le marteau : ils n'appartenaient pas de naissance à la caste des privilégiés ; pire, ils avaient souvent quelque tare secrète (mais bien connue des services secrets) à se faire pardonner.

Les anciennes victimes portent aussi les traces de leur condition antérieure, même lorsqu'elles ont retrouvé leur intégrité physique. Parfois elles éprouvent la tentation de s'installer durablement dans le rôle de la victime. Du temps où ils étaient persécutés, les anciens détenus étaient considérés non comme victimes mais comme ennemis. Une fois la justice restaurée, l'ennemi de naguère devient « victime ». Or le statut de victime n'est pas sans procurer des avantages : quelques compensations matérielles peut-être, mais surtout un statut symbolique enviable. Cette position corrompt cependant de l'intérieur ceux qui l'assument. Le règne de la justice est préférable à celui de l'injustice, mais aucun règne ne produit par lui-même la vertu morale. Or celle-ci n'accompagne pas un acte si c'est son sujet qui en tire les bénéfices.

Certains détenus des camps ont eu le courage et la sagesse de ne pas faire partager à leurs enfants la totalité de leur expérience. Sinon, les enfants auraient mené non leur propre vie, mais celle de leurs parents ; ceux-ci ont jugé préférable une certaine ignorance. Ils n'ont pas oublié pour autant et, le moment venu, ont su parler ; simplement, ils n'ont pas laissé le passé se confondre avec le présent et le déterminer. C'est ainsi qu'opère également le deuil dans la vie d'une personne : on n'oublie pas le mort mais, peu à peu, on le fait accéder à un statut différent ; on l'aime sans regretter à chaque instant son absence.

Saura-t-on se livrer à ce travail de deuil et de réinterprétation du passé ? Les traumatismes sont parfois indélébiles, insurmontables. Dans un documentaire bulgare consacré aux camps, une femme raconte :

« Après la première arrestation de mon père, le lendemain vers midi est arrivé à la maison un policier et il a remis à ma mère une convocation, la sommant de se présenter à cinq heures de l'après-midi au poste de police n° 10. Après quoi ma mère s'est habillée, c'était une très belle femme, une personne très douce, elle s'est levée et elle est partie. Nous l'attendions, les trois enfants, nous l'attendions. Elle est revenue à une heure et demie du matin, blanche comme un linge, froissée, dépenaillée. Aussitôt entrée, elle s'est approchée du poêle, en a retiré les plaques, a commencé à se déshabiller, a tout brûlé. Puis a pris un bain, et c'est alors qu'elle nous a serrés dans ses bras. Nous nous sommes couchés. Le lendemain elle a fait une première tentative de suicide, après quoi il y en a eu encore trois, ensuite elle s'est empoisonnée deux fois. Elle vit toujours, je m'en occupe… c'est une malade mentale. Ce qu'on lui avait fait, nous n'avons jamais pu l'apprendre. »

Peu importe quelles ont été les agressions exactes subies par cette femme. Cela s'est passé à l'automne de 1944 ; elle vit toujours, mais il n'y a plus pour elle de réparation possible. Comme cette mère hallucinée, la population d'un demi-continent souffre de troubles physiques et mentaux, dont il n'est pas sûr qu'elle puisse être guérie ; qui s'occupera d'elle ? L'humanité se remettra de ce désastre, comme elle s'est remise des précédents, en attendant ceux de l'avenir. Les individus, eux, emporteront leur blessure dans la tombe.

Appréhensions de l'avenir

Au lendemain de la Seconde Guerre mondiale, les portes des camps de concentration se sont ouvertes pour laisser sortir le petit pourcentage de ceux qui y avaient survécu. De retour chez eux, les survivants ne pouvaient s'empêcher de chercher une sorte de compensation à leurs souffrances inhumaines. Pour que cette expérience de la douleur ne fût pas tout à fait vaine, ils espéraient, souvent sans le savoir, devenir objet d'amour et d'admiration; ils comptaient trouver un monde débarrassé de ses pires défauts, un monde plus juste et plus aimable. Or il n'en était rien. Leurs familles mêmes avaient été dispersées et anéanties ou avaient cherché à les oublier; personne ne voulait s'attarder auprès de ces sinistres témoins de la déchéance humaine. Quant aux passions politiques, aux combats sociaux, ils n'atteignaient certes pas le paroxysme fasciste, mais n'étaient pas non plus régis par l'amour et la justice; la guerre et la violence n'avaient pas disparu de la face de la terre en récompense de la souffrance des survivants.

Au lendemain de l'effondrement du totalitarisme communiste, lorsque s'ouvrent les portes de ces sociétés, camps aux conditions évidemment plus douces mais de dimensions infiniment supérieures, les survivants voudraient constater d'abord qu'on se réjouit de leur libération, qu'on leur reconnaît le mérite, sinon du courage, tout au moins de la souffrance. Or cette attente ne peut être que frustrée. Dans leur propre pays, tous sont plus ou moins logés à la même enseigne : mis à part les profiteurs les plus éhontés, qui sont miraculeusement, du jour au lendemain, devenus invisibles, tous ont à se plaindre du passé et personne n'est là pour recevoir les plaintes. En dehors du pays, dans le « monde libre » de l'Europe occidentale, on est loin de les accueillir à bras ouverts : les Européens de l'Ouest voulaient bien chanter l'éloge des dissidents ou des transfuges, dont le combat les confirmait dans la justesse de leur propre voie ; ils n'ont que faire de ces hordes de demandeurs d'emploi, d'individus douteux prêts à vendre tout à n'importe quel prix. Leurs frères et sœurs de l'Est étaient méritoires dans l'esclavage, ils sont devenus indésirables dans la liberté. En un mot, une fois le Mur tombé, personne n'était là pour se réjouir et gratifier les anciennes victimes.

Après la disparition du régime honni, chacun aurait voulu trouver autour de soi un monde juste et harmonieux : espoir insensé qu'il ne peut pourtant s'empêcher de nourrir. Or que découvre-t-il ? L'idéologie communiste avait rendu inavouables toutes les autres idéologies ; sa mise à l'écart les laisse resurgir, auréolées de leur opposition au communisme. Ainsi le nationalisme (qui est susceptible de nourrir les conflits dans cette région du monde pendant les deux mille ans à venir, tant les populations sont diverses et vivent les unes au milieu des autres) et sa conséquence inévitable, la xénophobie ; le racisme (massivement présent à l'égard des travailleurs immigrés vietnamiens, comme des étudiants africains) ; le fanatisme religieux (le pape n'est pas un bon symbole pour la démocratie).

L'un des aspects les plus pervers du communisme est l'érosion qu'il fait subir à la catégorie même du social. L'idéologie communiste valorise le « nous » au-dessus du « je » et met en œuvre cette préférence en encadrant l'individu par de nombreuses institutions et organisations. Comme ces instances servent en réalité la surveillance et le contrôle, elles deviennent vite haïssables ; du coup, à la chute du communisme, tout le social, toute association, toute collectivité apparaissent comme suspects. Le résultat est dramatique : c'est la jungle, où règne la loi du plus fort, où rien ne protège les droits de l'individu. La police était corrompue, partiale, odieuse ; l'absence de toute police n'a pourtant rien de rassurant. Comment retrouver confiance dans les instances sociales et légales, alors que, pendant quarante-cinq ans, on a appris à s'en méfier ?

L'attitude la mieux partagée, faut-il s'en étonner, c'est l'empressement à s'adapter aux nouvelles conditions. En visite à Prague, c'est en vain que j'ai attendu de voir quelqu'un soutenir l'ancien système ; on ne rencontre que des ex-opposants (la Charte 77, mouvement de dissidence, n'avait jamais dépassé les 2 000 signatures ; il est vrai qu'un appel à la liberté des pratiques religieuses en avait recueilli 700 000). En Bulgarie, la même chose s'était déjà produite en 1944, après la chute du régime fasciste : du jour au lendemain, on ne trouvait plus que des antifascistes. Lorsqu'on met à l'écart les anciens dirigeants, imposés par le Parti et corrompus, qui occupe leur place ? Ceux qui sont les plus avides de pouvoir. En revanche, ceux qui naguère étaient tenus à l'écart par la force de la répression le restent aujourd'hui aussi – parce qu'ils répugnent à se lancer dans une compétition douteuse. Bien sûr, les exceptions existent ; toutefois, en règle générale, les nouveaux acteurs de la scène politique ne suscitent pas une admiration sans réserves.

La nouvelle société ressemblera-t-elle fort à l'ancienne, avec simple inversion de signes ? Personne n'a encore proposé la réouverture des camps, destinés cette fois-ci aux anciens gardiens et à leurs maîtres ; mais je lis dans un journal bulgare d'obédience anticommuniste cette appréciation des anciens responsables des camps : « Les principes humanitaires n'ont pas été faits pour des gens qui ont perdu leur dignité humaine et qui souillent notre terre. » Cette phrase est un pur produit de la pensée totalitaire ; à notre tour pourtant, n'accablons pas trop vite son auteur : où et quand aurait-il pu apprendre à penser autrement ?

Les camps étant une miniature exacerbée de la société, on ne s'étonnera pas si les mêmes difficultés se rencontrent dans les milieux qui leur sont restés étrangers. Dans la gestion de la science, on remplaçait naguère les critères scientifiques par l'idéologie, la fidélité au Parti valant plus que les résultats obtenus. La ligne de la moindre résistance consiste désormais à inverser le seul contenu de l'idéologie, en gardant intacte la structure dans laquelle elle opérait : pendant les années où les anticommunistes étaient au pouvoir, être communiste, ou l'avoir été, était devenu un handicap au lieu d'être un avantage, et aux postes de commande se trouvaient propulsés les plus farouches anticommunistes, qui n'étaient pas forcément de bons savants (comme les enfants des prolétaires naguère, ils avaient cependant une excuse : « Le régime m'a empêché de faire mes preuves ! »). Une fois de plus, on ne saurait trop s'en indigner : à quelle école aurait-on appris une plus haute vertu morale ? Reconnaissons néanmoins que ce sont là des séquelles de la maladie, et non le signe d'une santé retrouvée.

Des inquiétudes se font jour aussi concernant la place future de la morale. Entendons-nous. Il est vrai, d'abord, que les régimes totalitaires ne sont guère favorables à un épanouissement général des vertus morales ; c'est même l'un des dégâts les plus graves dont on puisse les accuser, celui qu'ils causent à la conscience individuelle. Tout un chacun devient hypocrite et cynique, égoïste et matérialiste : s'adapter, louvoyer, tirer son épingle du jeu semble être la seule voie laissée à l'individu.

Cependant, au milieu de ce désert moral, un miracle s'est produit. Un, puis deux, puis cent individus ont décidé de résister ; devenus conscients de ce que toute résistance politique ou militaire serait immédiatement écrasée, ils ont opté pour la résistance morale : ce sont les dissidents. Ils se sont limités à des actes moraux extrêmement simples : aider les persécutés, dire la vérité (la vérité en elle-même n'est pas une valeur morale, mais être prêt à la dire en public, quoi qu'il arrive, en est une, et des plus hautes). Mais « simples » ne veut pas dire « faciles » : ces actes moraux exigent un grand effort de volonté, car on doit d'abord transformer en choix ce qui semblait être un enchaînement de gestes rigoureusement automatique, parfaitement naturel ; ensuite affronter non pas un adversaire-idéologue qui accepte de vous combattre sur le même terrain, mais des bureaucrates indifférents et des policiers obtus. Ces simples actes se sont révélés d'une force insoupçonnée : le totalitarisme n'avait pas prise sur leurs agents, à la différence des vieux bolcheviks, victimes des procès de Moscou. Personne ne mérite autant l'admiration, à l'intérieur du pays, que ces minuscules individus, Soljenitsyne et Sakharov, Kuron et Michnik, Patocka et Havel. Individus très peu nombreux, donc, mais dont l'exemple était décisif, puisqu'ils offraient à chacun un repère permettant de reconnaître le bien et le mal.

Dans une situation totalitaire, l'attitude morale était la meilleure action politique qui soit. Il n'en va plus de même pour la situation présente, post-totalitaire. D'autres voies sont ouvertes à la politique aujourd'hui : pour s'emparer du pouvoir, il faut gagner les élections, donc séduire les électeurs, donc s'organiser en parti. La République tchèque offre ici encore un exemple parlant : jusqu'à la révolution de novembre 1989, Havel refusait toute aspiration au pouvoir et voulait s'en tenir au rôle d'intellectuel critique. Depuis, la Charte 77 a dû se transformer en Forum civique, et le Forum est devenu un parti qui présente des candidats aux élections. Or, pour gagner les suffrages des électeurs, la rectitude morale n'est pas une qualité indispensable : la population demande plutôt la compétence et l'efficacité, elle veut être séduite et rassurée (le Forum a perdu les élections). En régime démocratique, la morale ne peut se substituer à la politique ; dans le meilleur des cas, elle aide à l'orienter ou à la contenir. Le totalitarisme détruit directement les vertus morales, mais du coup les suscite en réaction. La démocratie ne vous empêche pas de devenir un être moral, mais elle ne vous y oblige pas non plus. Résultat, la référence à la morale a disparu des sociétés post-totalitaires. C'est là une performance inattendue : on pensait que, sous le totalitarisme, la vie morale avait atteint une sorte de fond, elle a pourtant réussi à encore baisser depuis.

Comment se terminera cet épisode de l'Histoire ? Du temps

du communisme, il me semblait qu'il suffisait de la chute de ce régime policier, de la fin de l'hypocrisie institutionnelle, pour que tout aille mieux et que la société s'engage dans la voie d'une plus grande prospérité, à la fois matérielle et morale. Je me rends compte à présent que je restais encore bien naïf et que les méfaits du système communiste étaient plus graves que je ne croyais. Tout comme la nature environnante, à laquelle nous ne faisions alors pas particulièrement attention, s'est avérée polluée et dégradée en profondeur, les dégâts subis par la vie sociale et par le psychisme de chacun ne peuvent être guéris par la simple disparition du régime politique ou de quelques individus. Une preuve parmi d'autres de cette difficile guérison est la rapidité avec laquelle les anciens partis communistes, à peine camouflés, ont repris le pouvoir – cette fois-ci par la voie d'élections réellement libres. Ce n'est pas seulement la génération de mes parents et la mienne qui portent les stigmates du passé ; c'est aussi celle qui naît aujourd'hui. Une vie décente au sein d'une démocratie efficace n'apparaît pas encore à l'horizon de la population dans cette partie du monde.

J'ai échappé à ce destin presque par hasard, parce que mes parents ont voulu et pu m'envoyer, quand j'avais vingt-quatre ans, à Paris. Si j'étais resté en Bulgarie, j'aurais subi les mêmes frustrations et les mêmes déformations que mes amis d'antan. Je ne serais pas devenu un héros, ni un pur salaud ; j'aurais passé ma vie à louvoyer entre ces deux pôles extrêmes. La Bulgarie réelle s'éloigne chaque jour de moi – je ne la connais plus et ne désire pas vraiment la connaître –, la Bulgarie qui a infléchi mon regard reste en moi et ne me quittera plus. Je ne peux, je ne veux aujourd'hui oublier ce passé ni ce qu'il m'a appris.

DEUXIÈME PARTIE

Citoyen en France

4. Les procès Kravtchenko et Rousset

Du temps où je vivais en Bulgarie, l'une des questions que mes amis et moi nous posions avec le plus d'insistance était : pourquoi les grands artistes et écrivains de l'Ouest ne nous aident-ils pas ? Comment se fait-il que tant parmi eux – les Sartre et les Montand, que nous ne pouvions nous empêcher d'admirer pour leurs œuvres ou leur charme – n'exprimaient aucune compassion pour notre lamentable condition ou, pire, appuyaient ouvertement nos dirigeants haïssables, alors qu'ils n'étaient même pas membres du Parti ? N'y avait-il personne là-bas, à Paris, à Londres ou à Rome, pour dire le contraire ? Lorsque je suis venu en France, j'ai commencé à apprendre la réponse à ces questions. Pourtant, ce n'est qu'au moment de l'effondrement des régimes totalitaires que je me suis intéressé de plus près à un épisode de l'histoire de France, celui des procès de 1949-1951, au cours desquels quelques individus ont tenté de dénoncer ces régimes et leur institution emblématique, les camps.

Je rappelle les événements dans leurs grandes lignes. Un réfugié politique soviétique, Viktor Kravtchenko, publie en 1946 *J'ai choisi la liberté*, récit de sa vie et tableau de la société soviétique ; le livre connaît un immense succès et sera traduit en France, malgré quelques pressions, en 1947. La presse communiste se déchaîne contre lui ; Kravtchenko intente un procès en diffamation aux *Lettres françaises*, en la personne de leur directeur Claude Morgan et du journaliste André Wurmser; le procès a lieu au début de 1949. En novembre de cette même année et en partie sous l'effet de l'« affaire Kravtchenko », David Rousset, militant trotskiste avant la guerre, déporté ensuite à Buchenwald et à Neuengamme, auteur de deux ouvrages retentissants sur l'univers concentrationnaire, lance un appel aux anciens déportés des camps nazis pour qu'ils enquêtent sur le système des camps en URSS. Lui aussi sera attaqué par la presse communiste et intentera un procès en diffamation aux *Lettres françaises*, représentées par le même Morgan et par Pierre Daix, rédacteur en chef et auteur de l'article diffamatoire; le procès s'ouvrira à la fin de 1950.

L'issue de ces péripéties judiciaires est ambiguë : *Les Lettres françaises* seront condamnées les deux fois, mais à des peines dérisoires, sans proportion avec celles que demandaient les plaignants. De toutes les façons, le destinataire principal de ces procès est, plutôt que la justice, l'opinion publique française et internationale; or celle-ci reste partagée. Kravtchenko n'acquiert pas le statut d'un héros; il se suicidera vingt ans plus tard, dans une chambre d'hôtel à New York. Le prestige de l'Union soviétique et du communisme en sort à peine entamé.

Stratégies de disculpation

On ne lit plus aujourd'hui le compte rendu de ces procès comme on devait le faire il y a quarante-cinq ans. Tout le monde sait bien maintenant que ce qu'affirment Kravtchenko, Rousset et les nombreux témoins qu'ils font défiler à la barre est entièrement vrai. La question devient plutôt : comment se fait-il que les récits bouleversants des anciens pensionnaires du Goulag, la lecture des documents soviétiques concernant les purges et les camps n'aient pas impressionné davantage juges et public ? En quoi consiste le système de défense, apparemment assez efficace, des prévenus communistes et de leurs défenseurs (notamment Me Nordmann, présent dans les deux procès) ? Car, le rapprochement des comptes rendus permet de l'établir, c'est bien d'un système qu'il s'agit, fondé sur deux affirmations incompatibles entre elles, mais visant toutes deux à innocenter les accusés et, au-delà, l'Union soviétique : ce que disent nos accusateurs est faux car il ne s'est rien passé ; ce qu'ils disent est vrai mais il n'y a pas lieu de s'en émouvoir.

Pour prouver que les camps n'existent pas, on commence par jeter le discrédit sur les témoins à charge. « Il s'agissait d'abord de disqualifier le témoin, ensuite de le désarçonner, enfin de marquer le coup pour la presse », se souvient Pierre Daix, vingt-cinq ans plus tard. Tous ces témoins souffrent d'abord d'un gros handicap : ils ne sont pas français ! Nous n'allons tout de même pas, nous autres bons Français, écouter les leçons d'un étranger comme Kravtchenko, s'exclame Morgan. Au cours du procès Rousset, il provoque un incident avec Alexander Weissberg, qui doit témoigner en allemand : c'est écœurant, s'écrie-t-il, de voir des Allemands juger l'héroïque Union soviétique. Weissberg lui rappelle poliment que, d'abord, il est peu conforme à l'internationalisme communiste de récuser une personne parce qu'elle appartient à telle nation ou à telle race ; ensuite, qu'il n'est pas allemand mais juif autrichien, et que toute sa famille a été assassinée par les nazis. Pour ceux qu'on ne peut associer à l'Allemagne (les communistes ne faisant aucune différence entre Allemands et nazis), on a le recours, à peine moins compromettant, à l'Amérique : ils ont été payés par les Américains, ce sont des valets de l'impérialisme.

Enfin, tous les anciens déportés du Goulag deviennent suspects du fait même qu'ils sont capables de venir témoigner à Paris : ils ont donc quitté l'Union soviétique, leur ancienne patrie (de naissance ou d'adoption), souvent aussi le parti communiste ; ce sont par conséquent des traîtres. Or que vaut la parole d'un traître ? A ce prix, bien sûr, aucun témoignage ne serait jamais possible et seuls les morts auraient le droit de parler d'assassinats.

Quand ils ne jouent pas sur l'esprit patriotard et xénophobe, les accusés se servent d'un autre sophisme dont ils choisissent d'ignorer la faille : ils présupposent que coexistence vaut identité. Toute association d'un témoin ou de ses paroles avec un personnage compromettant est censée rendre son témoignage suspect. Qu'il y ait des camps en Russie est faux, car Hitler l'a dit aussi ; que les Russes aient fusillé les officiers polonais à Katyn est faux, puisque Goebbels l'a affirmé également. Tel livre a paru dans une maison d'édition qui a publié également Maurras ; tel auteur a écrit dans un journal où l'on peut lire aussi un auteur antisoviétique : voilà qui rend une déposition irrecevable ! Margarete Buber-Neumann, forte de son expérience des camps soviétiques *et* des camps nazis, vient témoigner aux deux procès. Son ex-mari était un traître, hurle Me Nordmann, un renégat, un trotskiste, un espion allemand ! (Heinz Neumann, ancien dirigeant communiste, qui a fui les balles fascistes en Allemagne, a été fusillé sans jugement dans les prisons de la NKVD.) Pourquoi a-t-elle alors été enfermée à Ravensbrück ? Sans doute parce qu'elle l'a demandé elle-même. Son témoignage est donc sans valeur. Rousset affirme la même chose qu'un autre auteur, lequel peut être suspecté de sympathies avec d'anciens nazis, remarque Wurmser ; donc Rousset, rescapé des camps, est en fait un nazi.

A ces témoins douteux, les communistes accusés en opposent d'autres, qu'ils ont eux-mêmes fait venir. Ceux-ci sont des Français, ce qui est déjà un immense avantage. Ils connaissent les accusés : de bons Français pour commencer, de braves résistants, ils ne peuvent faire de mal ni mentir (le tribunal les suivra sur ce point dans sa sentence). *Les Lettres françaises* : un bon journal qui a combattu le fascisme ; il ne saurait dire faux. Certains des témoins ou des accusés sont allés en URSS, pour une semaine ou deux. Il est vrai qu'ils ne parlaient pas le russe, mais ils ont bien vu que tout le monde y était heureux, les enfants chantaient, les ouvriers étaient riches, les kolkhozes opulents : parole de résistant !

Après tout, à quoi bon s'embarrasser de témoins ? Les accusés savent qu'il n'y a pas de camps en URSS parce qu'il est impossible qu'il y en ait : point à la ligne. Ils choisissent donc de rire en écoutant les litanies des anciens déportés, qui énumèrent meurtres, tortures, souffrances infinies. « Ces faits ne me semblent pas sérieux », juge gravement Daix. « Qu'il nous raconte Cendrillon, cela aura davantage de vraisemblance ! » jubile Morgan. C'est un roman, un conte de fées, enchaîne Wurmser. C'est impossible, car l'armée Rouge a vaincu les nazis. Car autrement Staline ne vaudrait pas mieux que Hitler. Ou tout simplement, selon la réplique devenue fameuse de Jean Laffite, autre témoin communiste : « Si vous me demandiez : “Si votre mère était un assassin, est-ce que vous allez la condamner ?”, je vous répondrais : “Monsieur, ma mère est ma mère et ne sera pas un assassin.” »

Pourtant les mêmes, ou leurs alliés, affirment aussi : oui, les camps et les purges ont bel et bien existé ; mais il ne faut pas en faire une histoire. D'abord parce que de telles mesures étaient indispensables. Les purges des années trente ? Devant la menace hitlérienne, il fallait liquider la cinquième colonne, conclut froidement Joliot-Curie, prix Nobel de physique. Les camps ? Il est normal que les voleurs de pommes soient contraints d'aider à la construction des routes, déclare sans rire le dessinateur Jean Eiffel. Où voulez-vous mettre les ennemis sinon dans un camp ? (A quoi Buber-Neumann et Rousset répliquent que tel était exactement le raisonnement de Hitler : liquider ou enfermer les « ennemis » et les « rééduquer » par le travail.) Enfin, on ne fait pas d'omelette sans casser des œufs : l'Inquisition n'enlève rien à la grandeur du christianisme, disait Malraux pour justifier les procès de Moscou, du temps où il était stalinien ; la Terreur ne diminue pas la Révolution française et il ne faut pas la regretter, ajoutent maintenant les historiens communistes ; il en va de même pour la terreur stalinienne.

Les camps existent bel et bien en URSS et on peut le regretter, déclarent d'autres, ou les mêmes ; mais la situation dans d'autres pays n'est guère plus brillante. Telle sera la position de Sartre, Merleau-Ponty, Claude Bourdet (les compagnons de route sont plus dangereux que les membres du Parti car bénéficiant d'une plus grande confiance auprès du public) : ce qui se passe en Union soviétique n'est rien comparé aux souffrances dans les colonies françaises, ou dans les prisons en Grèce et en Espagne ; les républicains espagnols assignés à résidence en Corse valent tous les martyrs du Goulag ! L'impérialisme américain reste l'ennemi principal.

Les camps soviétiques existent peut-être, mais ce n'est pas le moment d'en parler : la vérité serait aujourd'hui peu utile, voire nuisible. A quoi servirait une telle révélation ? A séparer davantage les Alliés, donc à augmenter les risques de guerre. A nuire au prestige de l'URSS, patrie du socialisme et de la justice. A décourager les ouvriers français dans leurs justes luttes. La vérité n'est bonne à dire qu'à certains moments, à certaines personnes, dans certains buts : elle ne doit pas être chérie comme telle.

On reste consterné devant ces arguments qui semblent sortir du chapitre « Paralogismes » d'un manuel de logique ou s'inspirer d'un machiavélisme de bazar. D'un côté, toute la question de la vérité historique et juridique se trouve escamotée : on discute – de manière combien indigente – de la vertu et du vice des accusateurs ou des accusés ; or une telle discussion ne permet guère des conclusions sur le vrai et le faux. De l'autre, on fait bon marché de la vérité, en lui préférant l'objectif du moment. Dans leurs Mémoires, écrits longtemps après les procès, les protagonistes communistes rapportent qu'ils étaient, à l'époque, d'une totale bonne foi ; et que, de plus, ils avaient l'impression de bien se débrouiller, de marquer des points, de s'attirer la sympathie de l'opinion publique. Tous ne les admirent pas, certes ; mais enfin on ne les trouve pas ridicules ou odieux. Qu'on nie ainsi la vérité ou qu'on la relègue à un rôle subordonné ne choque pas l'opinion publique (convaincre les auditeurs n'a pas grand-chose à voir avec la vérité des faits, se lamentait déjà Socrate). La passion de vérité ne figure pas parmi les principales motivations des conduites humaines ; même les scientifiques, qui en font la règle de leur vie professionnelle, ne pensent pas à l'étendre au reste de leur existence.

Juger le passé

En relisant ces histoires vieilles d'un demi-siècle, on se sent emporté par l'indignation : puisque nous croyons savoir aujourd'hui de quel côté se situe la vérité, comment ne pas mépriser ses ennemis ? Du coup, je suis tenté de me demander si une telle indignation n'est pas trop facile et si, ce faisant, on ne pèche pas par anachronisme. Ne vaut-il pas mieux s'abstenir de condamner ceux qui se sont trompés naguère, tout le monde n'en pensait-il pas autant ? Justement pas. Les minutes des procès dressent un tout autre tableau : à cette époque, on savait. C'est la fin de la Seconde Guerre mondiale qui est ici le facteur décisif (tout comme elle l'a été pour les camps nazis) : alors qu'auparavant les fugitifs ne sont qu'une poignée, des milliers de déportés polonais ayant combattu dans l'armée Anders se retrouvent maintenant en dehors de l'Union soviétique ; des milliers de déportés d'origine soviétique restent en Allemagne et se réfugient à l'Ouest. Les témoignages se multiplient et se recoupent ; plus aucun doute n'est possible pour celui qui se donne la peine de les lire et décide de juger impartialement. A partir de ce moment – disons 1950 –, on *choisit* de reconnaître l'existence des camps soviétiques et de les dénoncer ; ou bien de les ignorer et de les cacher.

Ce choix n'est pas innocent : le meilleur, sinon le seul moyen de combattre les camps, c'est d'en révéler l'existence, de diffuser de l'information les concernant (on sait à quel point l'administration nazie comme celle du Goulag s'emploient à cacher cette information). Par conséquent, ceux qui choisissent d'ignorer la vérité, comme Daix et Morgan, ou l'admettent mais pensent qu'il vaut mieux la taire, comme Sartre et Merleau-Ponty, participent activement au maintien des camps et en portent une part de responsabilité.

L'appel de David Rousset marque, en France, la fin d'une période où l'ignorance des camps soviétiques était excusable. C'est pourquoi je n'hésiterai pas à dire qu'une Germaine Tillion, ancienne déportée, était du bon côté en s'associant à cet appel ; et une Marguerite Duras, ancienne résistante, du mauvais, en le condamnant et en lui préférant la fidélité au PC. Ces jugements de valeur n'ont rien d'arbitraire.

Dans son appel, Rousset réussit à dire l'essentiel et tout d'abord que les camps transcendent le relativisme ambiant ; ils ne sont pas mauvais d'un point de vue et bons de l'autre, ils incarnent, la chose est suffisamment rare pour qu'on y insiste, un mal absolu. « Le malheur concentrationnaire est sans commune mesure avec tous les autres ; c'est le plus grand malheur que l'homme puisse connaître. » Il comprend, de plus, qu'un régime qui organise des camps ne peut être jugé indépendamment de ce fait ; loin d'être un accident, les camps révèlent l'essence du totalitarisme, ils « ne se présentent plus comme une excroissance pathologique mais comme l'expression de rapports normaux, comme le développement naturel d'une société nouvelle ». Ce qui implique qu'il n'y a pas de différence radicale entre camps nazis et camps soviétiques, malgré d'évidentes différences d'organisation : pas de chambre à gaz ici, pas de rééducation politique là, etc. Les camps se moquent des justifications idéologiques qu'on donne à leur existence ; la souffrance des hommes y atteint un tel degré que les différences philosophiques pâlissent et s'affirme la communauté de l'expérience, ce que Rousset appelle « l'expérience décisive ».

Pourtant, l'appel de Rousset divise les anciens déportés et entraîne des scissions au sein de leurs fédérations (en gros, entre communistes et non-communistes). C'est même le point de départ du procès, puisque l'article des *Lettres françaises* qui le provoque s'intitule « Pierre Daix, matricule 59807 à Mauthausen, répond à David Rousset ». « L'expérience décisive » elle-même ne suffit donc pas pour déterminer la conduite des hommes. Mais alors, comment la comprendre ?

Daix lui-même, qui a beaucoup changé, s'y efforce dans son autobiographie *J'ai cru au matin*. On y lit cette phrase terrible : « Quand j'en suis venu à me demander comment j'avais pu en arriver à être un stalinien, il m'a semblé que cela s'était fait à Mauthausen. » Serait-ce la faute au camp ? Je n'en ai pas vraiment l'impression. Il me semble plutôt que l'expérience du camp, telle que la rapporte Daix dans ce livre, ne parvient pas à ébranler les certitudes qui sont déjà les siennes quand il y entre. Pourtant, les occasions ne manquent pas. En effet, il y rencontre des détenus soviétiques qu'il admire mais qui, chose étrange, lui disent avoir déjà été déportés dans leur propre pays. Il réinterprète : ils sont devenus des héros grâce à la rééducation dans les camps staliniens ! Les informations qu'il reçoit, au lieu de l'éclairer, le confirment dans ses préjugés ; sa conscience adapte les êtres qu'il rencontre à ses principes idéologiques. Le monde reste pour lui confortablement simple (sur le plan mental seulement, il va de soi) : « La guerre exige que votre côté soit blanc. Les SS se chargeaient à merveille du noir. »

A lire son autobiographie à lui (co-signée par E. Copfermann), je ne m'imagine pas David Rousset comme une personne intrinsèquement supérieure ; il lui arrive, comme à tout un chacun, de se tromper. Il n'est ni un saint ni un super-héros. Il décrit pourtant sa réaction aux camps en termes différents.

Avant d'y être conduit, dit-il, il vivait dans un monde livresque, peuplé d'abstractions : la révolution, l'humanité, le socialisme. Une fois en prison, il souffre cruellement : il est privé de livres. Puis il trouve un remède qu'il se met peu à peu à chérir en lui-même : il découvre les individus. « Ce fut le début d'une expérience exceptionnelle, d'une richesse immense pour moi… Le domaine de la lecture était clos. Mais je découvrais les hommes. » Non pas : les êtres plutôt que les livres ; sorti du camp, Rousset se replonge dans la lecture et dans l'écriture. Mais : les êtres au-dessus des livres. Pour cette raison, entré au camp, comme Daix, avec ses préjugés (« comme un partisan », dit-il), il a pu surmonter cette habitude de vivre avec des abstractions, si dangereuse pour les intellectuels et les militants, et a senti que, pour lui, la souffrance des êtres était dorénavant irréductible à des catégories. C'est pour cette raison qu'il voit l'univers concentrationnaire comme une société hiérarchisée et complexe, comme un « tissu continu », plutôt que comme l'alternance du noir et du blanc.

Frivole Histoire ! Ceux qui se trompent ne sont guère sanctionnés. Le parcours politique d'un Claude Morgan, semblable à celui de Claude Roy ou de Maurice Blanchot, est emblématique : militant d'extrême droite et partisan de Mussolini avant la guerre, il entre dans la Résistance et se convertit au stalinisme ; cette brusque mutation ne lui enseigne cependant aucune humilité. Il « décroche » du Parti après les événements de Hongrie, en 1956, mais ne perd pas pour autant son aplomb : dans son autobiographie, *Les Don Quichotte et les autres*, il se décrit comme appartenant à la même espèce que Pasternak et Soljenitsyne, celle des idéalistes insoumis (voilà que la victime des camps et leur défenseur devraient marcher la main dans la main !). Pas plus que les autres donneurs professionnels de leçons, il ne trouve jamais les mots pour dire ses propres errements. Les défenseurs des camps, en France comme en Russie ou en Bulgarie, ne subiront aucune sanction.

Ceux qui voient juste ne sont pas récompensés. Rousset avait, en ce qui concerne les camps communistes, tout compris et tout dit en 1950 ; le résultat en est qu'il sera ostracisé pendant des décennies par l'intelligentsia française bien-pensante, enfermée dans son conformisme « anti-impérialiste » et pro-communiste. Il consacrera une douzaine d'années de sa vie et une immense énergie à combattre cette institution macabre, avec l'aide d'une organisation qu'il crée, une sorte d'Amnesty International avant la lettre ; les résultats seront toutefois minces. Non seulement les camps se sont perpétués en URSS jusqu'à la fin des années quatre-vingt, non seulement ils fleurissent aujourd'hui encore en Chine, mais une bonne partie de l'intelligentsia, destinataire immédiat de l'appel de Rousset, a gardé intact son attachement à l'idéal communiste pendant une bonne vingtaine d'années : le maoïsme Rive gauche est postérieur à l'appel de Rousset. Pourquoi ce *J'accuse* du vingtième siècle n'a-t-il pu être entendu comme l'autre, pourquoi a-t-il fallu attendre vingt-cinq ans de plus et Soljenitsyne pour oser regarder la vérité en face ? A tout moment de l'histoire, on n'entend que ce qu'on veut entendre.

Le totalitarisme communiste est mort aujourd'hui, et le combat contre lui n'est plus d'actualité. Mais les leçons du passé restent et elles sont peu réjouissantes : l'Histoire apparaît comme une série d'occasions manquées. Au point qu'on est tenté de se demander : par quel miracle échappons-nous parfois au pire ?

5. L'affaire Touvier

Ce qui, en France, ressemble le plus à l'expérience totalitaire vécue par les populations d'Europe de l'Est, ce sont les années de l'occupation nazie. Le nazisme a laissé ici des traces beaucoup plus profondes et douloureuses que le communisme, et cela se comprend : même si la responsabilité de certaines figures publiques dans le maintien du Goulag est incontestable, elle ne peut se comparer à l'engagement actif d'une grande partie de la population pour ou contre le régime nazi, à l'époque de la Seconde Guerre mondiale. La justice est l'un des lieux où l'on peut observer comment un pays gère la mémoire de son passé. C'est pourquoi, sans doute, je me suis senti si concerné par les procès pour crimes contre l'humanité dans les années quatre-vingt et quatre-vingt-dix, ceux de Klaus Barbie et surtout de Paul Touvier, à ce jour le seul Français à avoir été poursuivi pour de tels crimes. Les circonstances qui ont entouré sa fuite, sa capture, puis les procès le concernant révèlent la manière dont est vécu l'un des épisodes les plus pénibles de l'histoire française récente. La France peut-elle être donnée en exemple aux anciens pays totalitaires pour la manière dont elle gère son passé ?

Voici les principales péripéties de l'affaire. En 1943, Touvier s'engage activement dans la milice, à Lyon, et devient le chef du service local de renseignements. A ce titre, il participe à l'exécution, à la torture ou à la déportation de nombreux juifs, résistants ou sympathisants de la France libre. A la Libération, il passe dans la clandestinité ; il est condamné à mort par contumace ; on l'arrête mais il parvient à s'évader. A partir de ce moment, il bénéficie d'une extraordinaire indulgence de la part de certains dignitaires de l'église catholique, qui lui permettent de vivre à l'abri, dans des monastères ; plus tard, il se marie et a des enfants. En 1964, ses crimes sont couverts par la prescription ; en 1971, il est, de plus, gracié par le président de la République. Cependant, en 1973, une nouvelle plainte est déposée contre lui, cette fois-ci pour crimes (imprescriptibles) contre l'humanité. Après un long délai, rendu possible par des complicités dans la police, Touvier est arrêté en 1989 et inculpé. Nouveau rebondissement en avril 1992 : la chambre d'accusation de Paris décide qu'il n'y a pas lieu de le poursuivre et rend publique une longue justification de son arrêt. Touvier, âgé alors de 77 ans, est remis en liberté. Cet épisode mérite, à lui seul, un plus long commentaire et demande un détour.

Crimes contre l'humanité

L'intérêt du débat suscité par le non-lieu (qui est une sorte d'acquittement sans procès : il n'y a pas lieu de poursuivre) vient des arguments utilisés par les juges pour motiver leur décision. Il est vrai que la procédure du « crime contre l'humanité » n'avait été que très exceptionnellement utilisée en France : une seule fois, en 1987, contre Klaus Barbie, chef de la Gestapo en cette même ville de Lyon. L'existence même de cette notion suscite, on le sait, des réticences, puisqu'elle amène à condamner quelqu'un qui n'a pourtant pas enfreint la loi ; or, dans un Etat de droit, doit régner toute la loi et rien que la loi : la soumission à la loi protège les citoyens de l'arbitraire du pouvoir.

On connaît bien l'histoire de cette singulière catégorie judiciaire : invoquée de manière informelle depuis le génocide des

Arméniens en 1915, elle devient une réalité au lendemain de la Seconde Guerre mondiale, dans le procès de Nuremberg. Ce qui la motive c'est précisément que le crime est de toute évidence présent, sans qu'il y ait d'infraction à la loi, puisque c'est l'Etat lui-même, auteur des lois, ou l'une de ses institutions, qui est responsable du crime ! Pour réagir à cette situation inédite, spécifiquement moderne, on fait appel à quelque chose qui ressemble fort à l'ancienne idée d'un droit naturel, logiquement antérieur et supérieur au droit positif incarné par les lois de chaque pays. On postule que l'accomplissement de certains actes n'est pas excusé par le fait qu'ils étaient conformes à la loi ou qu'ils avaient été ordonnés par un chef, car ces actes transgressent les principes non dits, sous-jacents aux lois particulières. Certains actes : plus précisément ceux qui consistent à exclure de l'humanité une partie de ses représentants et à considérer comme légitimes à leur égard des mesures qui restent illégales envers les autres membres de l'humanité ou de la nation. C'est en ce sens que ces crimes sont dits, à juste titre, « contre l'humanité » : contre l'idée d'une humanité une, dont chaque être humain est un représentant à part entière.

Concrètement, l'acte d'accusation de Nuremberg retient deux variables : la nature du crime et l'identité de la victime (le jugement final se réfère à un troisième paramètre, les circonstances : il n'est de crime contre l'humanité qu'en temps de guerre, ce qui restreint sensiblement l'extension de la notion ; on pourrait même soutenir qu'il n'y a pas de crime contre l'humanité envers les ressortissants d'un pays avec lequel on est en guerre). La nature du crime, ou les formes que prend l'exclusion de l'humanité : ce sont l'assassinat de masse (le génocide), la réduction à l'esclavage et la torture, enfin la déportation (dans un camp de concentration). L'identité de la victime : il doit s'agir d'une partie de la population civile et non de combattants ; ces individus, et cela est essentiel, ont été choisis en raison de ce qu'ils sont (de leurs caractéristiques culturelles, sociales ou physiques) et non de ce qu'ils font.

Le tribunal de Nuremberg ne précisait pas (mais sans doute sous-entendait) que les auteurs de ces crimes ne pouvaient être des individus isolés mais seulement les agents des Etats, des gouvernements ou d'autres instances collectives (un maniaque ayant décidé d'exterminer tous les Japonais ne commet pas un crime contre l'humanité et les lois en vigueur suffisent amplement pour le juger). De plus, aucune restriction n'était fondée sur d'éventuelles justifications idéologiques de ces actes.

Cette définition du crime contre l'humanité n'est peut-être pas parfaite, mais elle permet au moins, par sa vertu discriminatoire, d'exclure certains actes du champ de ce crime et d'en inclure d'autres, au lieu de se contenter d'une approche émotive et modifiable au gré des circonstances. On sait que, pour des raisons qui tiennent à la politique et à l'Histoire plutôt qu'à la justice, les seuls crimes contre l'humanité qui ont été pour l'instant jugés sont ceux des nazis. On peut toutefois tester l'efficacité de la notion en l'appliquant à d'autres situations : sans être l'équivalent exact des crimes nazis, d'autres crimes contre l'humanité ont eu lieu et méritent d'être châtiés.

Ainsi la déportation et l'extermination de la bourgeoisie « comme classe » en URSS, dans les années trente, au Cambodge, dans les années soixante-dix : ceux que frappait la répression n'avaient rien fait, leur unique tort était d'être mal nés. Les nazis commettaient un crime contre l'humanité en persécutant et en assassinant non seulement les juifs (identifiés selon des critères « raciaux ») mais aussi les communistes ou les sociaux-démocrates, tant qu'ils n'avaient à leur reprocher que leurs opinions. Il en va de même de la déportation, des tortures et des assassinats accomplis en Bulgarie, sous le règne de Jivkov, jusqu'aux années soixante : les victimes n'avaient comme caractéristique commune que celle de ne pas être des serviteurs zélés du régime communiste, elles n'avaient enfreint aucune loi.

En revanche, en donnant l'ordre de tirer sur ceux qui tentaient de franchir le mur de Berlin, Erich Honecker ne commettait pas de crime contre l'humanité : les victimes souffraient à cause de ce qu'elles faisaient, non de ce qu'elles étaient, et leur acte transgressait une loi en vigueur. Le gouvernement français, ou certains de ses services, s'est probablement rendu coupable de crimes contre l'humanité en persécutant des parties de la population algérienne, alors que l'Algérie faisait partie de la France. Le gouvernement serbe en a fait autant en persécutant, déportant et assassinant Croates, Bosniaques et Albanais, du seul fait de leur appartenance ethnique ou religieuse.

On pourrait objecter, pour contester l'idée d'un crime contre l'humanité, que le droit y est devenu le masque dont s'affuble la force, car pour pouvoir juger quelqu'un il faut d'abord le vaincre. C'est ce qui explique que les complices de Hitler ou, plus récemment, de Jivkov ont été poursuivis, alors que Staline et Pol Pot, sans parler des autres, ont joui de l'impunité. Ce constat est irréfutable ; je ne crois pas qu'il mette pour autant en question l'idée de « crime contre l'humanité ». Aller au-delà n'est pas vraiment souhaitable : quelle serait l'instance internationale qui interviendrait dans tous les pays du monde pour y rétablir la justice ? Compter sur les défaites n'a rien de pusillanime, car on peut constater aussi, pour notre bien, que les dictatures même les plus impitoyables finissent par s'effondrer (la défaite des tyrans n'est pas une rareté). De plus, si le dictateur sait qu'en cas de changement de régime, voire d'un simple déplacement à l'étranger, il risque d'être jugé, il peut hésiter avant de commettre son forfait.

Le crime contre l'humanité est, par définition, indépendant de sa localisation dans l'espace : la même action est crime sous toutes les latitudes et en changeant de pays on ne se soustrait pas à cette justice-là. Qu'il échappe, d'un autre côté, à l'emprise du temps – autrement dit, qu'il soit imprescriptible – est sans doute plus problématique. On peut soutenir qu'un individu ne reste pas identique à lui-même à travers le passage du temps et qu'il est donc injuste de condamner un homme de soixante-dix ans pour ce qu'il a fait quand il en avait vingt ; on peut surtout constater que la mémoire des témoins faiblit et se brouille, qu'il est difficile, sinon impossible, d'instruire une affaire cinquante ans après les faits. (Ces difficultés étaient illustrées, par exemple, par les contretemps du procès Demjanjuk en Israël. On pourrait imaginer, pour y échapper, qu'on renonce, au bout d'un certain temps, à instruire les crimes ; mais que les condamnations par contumace prononcées au moment des actes restent imprescriptibles.)

Lorsqu'elle a eu à juger son premier crime contre l'humanité (celui de Barbie), la justice française a dû introduire cette notion dans son arsenal répressif, ce qu'elle a fait, en 1985, par un arrêt de son instance suprême, la Cour de cassation. Plutôt que de reprendre la définition établie à Nuremberg, elle a cherché, en raison de la pression de divers groupes ou pour prévenir certaines applications indésirables, à l'adapter à son usage – pratique dangereuse pour la logique du droit lui-même. Elle a d'une part élargi cette définition, en incluant parmi les victimes possibles non seulement certaines catégories de la population civile, mais aussi tous les adversaires du régime incriminé (concrètement, les résistants et non plus seulement les juifs), gommant ainsi la différence entre crimes de guerre et crimes contre l'humanité. D'autre part, pour compenser cet élargissement, elle a restreint la catégorie des agents du crime : seuls peuvent être poursuivis ceux qui ont agi « au nom d'un Etat pratiquant une politique d'hégémonie idéologique », autrement dit d'un Etat totalitaire (la France, pendant la guerre d'Algérie, ne correspond évidemment pas à cette définition).

Le non-lieu

Les juges de l'affaire Touvier ont fondé leur verdict sur deux types d'arguments, sans jamais contester ouvertement l'idée de crime contre l'humanité. D'une part, des onze accusations portées contre Touvier, dix sont écartées à cause de la difficulté qu'il y a à établir la vérité cinquante ans après les faits, mais sans que cette objection soit jamais élevée en principe contestant l'imprescriptibilité de ces crimes. Tantôt, paraît-il, les témoins se contredisent, tantôt leurs propos sont trop vagues ou invraisemblables, tantôt ce qu'ils affirment ne suffit pas pour incriminer Touvier.

D'autre part, dans le onzième cas, les faits sont admis, ils sont du reste les seuls à avoir été reconnus par Touvier lui-même. C'est l'affaire des otages de Rillieux, fusillés au lendemain d'un attentat accompli par des maquisards : Touvier prend la décision des représailles et choisit de faire tuer sept otages – sept juifs (j'y reviendrai). Si l'on s'en tenait à la définition de Nuremberg, l'exécution d'otages choisis parmi les résistants arrêtés ne serait pas un crime contre l'humanité, mais « seulement » un crime de guerre (en même temps, le bombardement des populations civiles n'est-il pas, lui aussi, un crime de guerre ?) ; le choix d'otages exclusivement juifs, en revanche, en est un. Cette accusation est cependant écartée au nom d'une considération différente : c'est que la France de Vichy n'était pas vraiment un Etat totalitaire, mais plutôt un régime conservateur et dictatorial, dont quelques éléments seulement relevaient du fascisme pur sang.

En s'appuyant ainsi sur la définition de la Cour de cassation, les juges de Paris ont contribué à mettre en évidence son absurdité, puisque les mêmes faits, la déportation et l'exécution des juifs, étaient crime dans le cas de Barbie, mais cessaient de l'être dans celui de Touvier ; ils battaient ainsi en brèche l'égalité de tous devant la loi. En s'en tenant à cette interprétation, en effet, seul un Allemand pouvait commettre un crime contre l'humanité ; les Français en étaient exonérés d'avance, puisque la France de l'époque n'était pas un Etat totalitaire !

Il vaut la peine de s'attarder un instant sur la forme logique des deux arguments ayant motivé le non-lieu. Le premier consiste à feindre d'accepter la loi en gros pour lui dénier toute application à propos des cas particuliers : on admet le principe d'imprescriptibilité, mais on considère que le temps passé est trop long pour pouvoir instruire. Le second, en revanche, consiste à se plier à la lettre de la loi en feignant d'ignorer son esprit (la Cour de cassation ne cherchait pas à rendre impossible la poursuite des agents de Vichy). Ces deux arguments sont donc de type opposé : l'un privilégie la lettre de la loi, l'autre, une interprétation qui lui fait dire, en fin de compte, le contraire de cette lettre. Ils n'ont qu'une chose en commun, c'est qu'ils permettent d'innocenter Touvier. Par cette convergence même, les juges signent leur partialité et révèlent que l'intention d'aboutir à un non-lieu, non la logique du raisonnement, avait présidé à leur décision.

Personne n'a été dupe de ces arguments formels : par-delà les considérations juridiques, par-delà même le cas de Touvier, la Cour a cherché à absoudre, voire à innocenter le régime de Vichy. C'est bien pourquoi les juges ont profité de l'occasion pour livrer au public une longue analyse de la politique française pendant la guerre, devant laquelle le lecteur se demande, perplexe, si c'est la mauvaise foi qui l'emporte sur l'ignorance ou bien l'inverse. Que dire des contorsions pour établir que la milice n'était pas fasciste, même si son chef Darnand faisait partie des SS ; ou que, si elle l'était, cela prouvait que l'Etat dans son ensemble ne l'était pas, puisqu'il avait besoin de confier une mission particulière à cette organisation-là ? Que Pétain n'avait jamais été un propagandiste antisémite (alors qu'il avait signé les lois raciales, parmi les plus dures de son temps) ? Ce qu'il faut reprocher aux juges n'est toutefois pas d'écrire mal l'Histoire (après tout, ce n'est pas leur métier), c'est d'écrire l'Histoire, tout court, plutôt que de se contenter d'appliquer la loi, équitablement et universellement.

Quelle pourrait être la raison de ce choix des juges ? Serait-ce une préférence pour « l'Etat français », et son idéal de « travail, famille, patrie », contre la tradition républicaine issue de la Révolution ? On pourrait être tenté de le croire, à voir la satisfaction avec laquelle le jugement a été reçu par l'extrême droite et la réprobation quasi unanime qu'il a suscitée auprès des autres partis politiques. Bien d'autres faits récents confirmeraient cette résurgence de certaines valeurs du passé : les manifestations persistantes des admirateurs de Pétain, la montée constante de l'extrême droite, la banalisation du discours xénophobe et raciste – comme si l'effondrement de l'utopie communiste devait nécessairement s'accompagner d'une montée de l'anti-utopie conservatrice. Il ne semble pas pourtant que ce soit, en l'occurrence, la bonne explication : rien dans la carrière antérieure de ces juges ne permet d'y voir un choix politique aussi simple. On peut se demander si, au-delà des raisons particulières qui ont conduit au jugement, celui-ci n'est pas révélateur d'un phénomène de société plus massif, d'une évolution historique de plus grande ampleur, dont participeraient non seulement le jugement lui-même mais aussi les réactions contre lui, voire d'autres événements, comme l'agitation provoquée par le cinquantenaire de la rafle du Vel' d'Hiv'.

Tous ces faits semblent mettre en évidence l'importance qu'a pour les Français d'aujourd'hui, et peut-être pour d'autres Européens, l'établissement de leur mémoire collective. Le débat sur la nature du régime de Vichy, mort depuis cinquante ans, est l'un des plus vifs qui soient sur la scène intellectuelle et politique française : n'est-ce pas surprenant ? Or qui dit mémoire collective dit aussi identité collective. Tout se passe comme si les Français, sans se l'avouer ouvertement, se sentaient menacés dans leur identité nationale et cherchaient à y remédier par des tentatives de réappropriation de leur mémoire. Une interprétation superficielle du principe individualiste qui règne sur notre époque nous a fait croire pendant longtemps que les individus n'aspirent qu'aux jouissances personnelles. Une telle explication reste un peu courte et nous fait oublier que, dans leur majorité, les individus ont besoin d'une reconnaissance de leur existence même, qu'ils acquièrent à travers leur sentiment d'appartenir à une communauté – nationale, religieuse, politique ou raciale (j'y reviendrai). Touvier aurait bénéficié, selon cette hypothèse, du désir éprouvé par les nations de se réapproprier la totalité de leur passé pour consolider leur identité. Le message implicite du jugement aurait donc été quelque chose comme le fameux « *My country, right or wrong* » (qu'il ait tort ou raison, c'est mon pays).

Le procès

On n'en est pourtant pas resté là. Quelques mois plus tard, la Cour de cassation s'est prononcée à son tour et a rejeté le jugement de la Cour de Paris, provoquant un nouvel examen de l'affaire, par la Cour de Versailles cette fois. Le procès a finalement eu lieu, en mars-avril 1994, et Paul Touvier a été condamné à la peine maximale, la prison à perpétuité.

Certains aspects du procès n'ont fait que rappeler les enseignements qu'on pouvait tirer de procès précédents d'anciens nazis ou encore des livres d'histoire consacrés à cette période. Le rôle sinistre de la milice, cette police politique française créée en 1943 et rapidement devenue l'équivalent local des SS, a été confirmé et illustré. L'attitude globale de l'accusé ressemblait aux stratégies employées par d'autres dans les mêmes circonstances : il ne savait pas (il n'avait pas entendu parler du statut infâme des juifs, établi par le gouvernement de Vichy), il ne faisait qu'obéir aux ordres et lui-même n'avait pas tué (« Ce n'est pas moi qui ai décidé, et je n'ai pas procédé à l'exécution ») ; ses regrets et sa pitié n'allaient qu'à lui-même, non à ses victimes. D'autres aspects du procès, toutefois, étaient plus singuliers.

Touvier était poursuivi pour un seul crime. Le 28 juin 1944, Philippe Henriot, ministre de l'Information à Vichy et milicien actif, est assassiné par la résistance française. Des représailles sont rapidement organisées ; à Lyon, Touvier s'emploie à trouver des otages. Dans le cachot de la milice qui est sous ses ordres, il trouve des prisonniers ; il en extrait deux, des juifs, et fait procéder à l'arrestation d'autres juifs ; il parvient à s'emparer de cinq personnes de plus. A l'aube du 29 juin, les sept sont fusillés à Rillieux, près de Lyon.

Touvier n'a jamais nié sa participation au crime, c'est même lui qui l'a révélée en premier ; mais, au cours des longues années antérieures à son arrestation, il a toujours nié sa responsabilité : à l'en croire, il n'avait fait qu'exécuter les ordres du chef local de la Gestapo, qui avait pris la décision des représailles ; il n'avait pas eu le choix. Dans son esprit, une telle présentation des faits devait l'innocenter, ou du moins lui valoir des circonstances atténuantes. Cependant, depuis la redéfinition du crime contre l'humanité par la Cour de cassation, cette stratégie était devenue catastrophique : Touvier admettait avoir obéi aux Allemands, ce qui était précisément la condition requise pour sa condamnation. L'accusation s'est engouffrée dans cette brèche : alors que toute l'instruction de l'affaire avait cherché à prouver que Touvier avait pris la décision tout seul, l'accusation, elle, a opéré une volte-face complète, en prenant Touvier au mot ; on lui reprochait maintenant ce qu'il croyait être une excuse, l'exécution d'un ordre allemand. S'il avait agi tout seul, Touvier n'aurait pas pu être accusé de crime contre l'humanité ! Il était trop tard pour reculer : Touvier ne pouvait pas nier ce qu'il avait soutenu avec acharnement depuis quarante ans.

La défense de Touvier s'est alors rabattue sur un autre argument. A l'en croire, le chef de la Gestapo avait demandé au chef de la milice de Lyon l'exécution de 100 otages ; celui-ci avait obtenu que le chiffre soit revu à la baisse et n'avait exigé de Touvier « que » 30 otages. Ce dernier, à son tour, aurait proposé de ne fournir, dans un premier temps, « que » 7 otages ; or il n'y a jamais eu de deuxième temps. Au lieu d'être blâmé pour la mort des sept, Touvier devrait être loué pour avoir sauvé de mort certaine vingt-trois juifs non exécutés ; tout juste s'il ne mérite pas une médaille pour cet acte courageux !

Il est facile de voir qu'un tel argument est non seulement privé de valeur juridique, mais comporte quelque chose d'obscène. Les vingt-trois juifs en question n'ont jamais été entre les mains de Touvier pour qu'il puisse, ensuite, les protéger et les libérer. Les sept exécutés, eux, sont des personnes bien réelles et non des victimes virtuelles. A ce prix, n'importe quel assassin pourrait se présenter comme un bienfaiteur de l'humanité : il a permis à des millions, voire à des milliards de personnes d'échapper à la mort !

Si l'on décide d'accepter, pendant un instant, l'argument de Touvier, on s'aperçoit du reste que, loin de justifier le milicien, il l'accable davantage. La défense générale de Touvier, comme celle de nombreux autres criminels nazis, consiste à dire qu'il a agi sous la contrainte des événements, qu'il n'avait pas le choix. Nous restons généralement méfiants devant ce genre d'argument, mais nous ne disposons pas forcément de preuves que l'affirmation est fausse. Or, ici, c'est Touvier lui-même qui les fournit : même s'il y avait de tels ordres provenant de la Gestapo, on pouvait, sans pour autant subir le moindre préjudice, négocier ; en quelques heures, le nombre d'otages est passé, à l'en croire, de 100 à 7. Dans un premier temps, bien sûr ; mais, selon le témoignage de Touvier, « le lendemain il n'en a plus été question ». La guerre faisait rage en France, en cette fin juin 1944, chaque jour apportait ses événements ; la mort d'Henriot est impressionnante aujourd'hui, reléguée au second plan le lendemain. Il aurait donc suffi que Touvier négocie un peu plus habilement, qu'il retarde l'exécution de quarante-huit heures, pour que les sept suppliciés de Rillieux soient gardés en vie. Si ce que dit Touvier est vrai, cela prouve sa responsabilité et donc sa culpabilité.

Si ce que dit Touvier est vrai… mais l'est-il ? L'accusation, on l'a vu, a intérêt à le croire, car c'est ainsi seulement que l'acte peut être qualifié de crime contre l'humanité. Parce que cette construction est utile, est-elle devenue vraie ? C'est sur ce point que les avocats des parties civiles se divisent. D'un côté, tous sauf un maintiennent la thèse commode de l'accusation. De l'autre, un seul affirme : Touvier ment. Le seul, c'est Arno Klarsfeld, le fils de Serge et Beate Klarsfeld. Cette déclaration fait l'effet d'une bombe : si Arno Klarsfeld a raison, si Touvier a pris lui-même sa décision, le personnage est peut-être plus odieux, mais on ne peut plus le condamner pour crime contre l'humanité.

Les arguments du jeune avocat sont précis. D'abord, l'assassinat d'Henriot offense les miliciens infiniment plus que les Allemands qui, à cette date, ont bien d'autres soucis que celui de venger un milicien français, serait-il des plus éminents. Une telle action n'est pas impossible dans le principe, à d'autres occasions la Gestapo est bien intervenue de cette manière ; mais, dans le cas d'Henriot, partout ailleurs en France ce sont les miliciens eux-mêmes qui se chargent des représailles. En outre, il existe un rapport détaillé sur les activités du chef de la Gestapo de Lyon, le 28 juin 1944 : aucune trace ne s'y trouve d'une demande de fusiller cent otages. Enfin, au cours d'un procès en 1946, un comparse de Touvier avait déclaré en substance : Nous avons saisi les biens des juifs, nous les avons exécutés ; il n'avait fait aucune mention d'un ordre venu d'ailleurs.

Touvier est-il pour autant innocent, même au regard de l'étrange législation française ? Non, plaide l'avocat, car si la milice a décidé d'elle-même de ces représailles (et Touvier était parmi les responsables de la milice à Lyon), elle ne s'était pas moins mise au service de la Gestapo et de l'Etat nazi. Si l'on oubliait la formulation de la loi (mais Arno Klarsfeld ne peut se le permettre devant le tribunal), on pourrait dire que la milice, quoique française, était bien une organisation nazie, responsable de tortures, déportations et meurtres de groupes entiers de la population et, à ce titre, coupable de crimes contre l'humanité. Elle ne *servait* pas seulement les nazis (allemands), elle *était* nazie.

D'autres éléments du procès, apportés par les témoins ou rappelés par l'accusation, sont venus étayer l'hypothèse d'Arno Klarsfeld. L'un concerne un épisode contemporain. Non loin de Lyon, à Mâcon, un autre chef milicien, Clavier, décide de venger la mort d'Henriot ; dans l'après-midi du 28 juin, il arrête sept personnes soupçonnées de sympathies envers la résistance et les fait immédiatement exécuter. Ce geste provoque l'indignation générale, le préfet en informe Laval, qui s'en plaint à Darnand, le chef national de la milice, lequel fait emprisonner Clavier – par Touvier à Lyon. Touvier sait donc que ses propres supérieurs hiérarchiques sont contre les représailles, mais aussi qu'un « collègue » a vengé Henriot en tuant sept personnes. Il me semble probable que sa décision ait trouvé sa forme définitive à ce moment-là : il fera aussi exécuter sept personnes, mais il cherchera à se « couvrir », il prétendra que l'ordre est venu des Allemands, contre lesquels personne ne peut rien. L'affabulation de l'ordre allemand était destinée à le protéger contre ses propres supérieurs, avant de resservir, longtemps après la guerre, pour trouver des circonstances atténuantes à son acte. A force de répéter cette justification, Touvier a probablement, comme cela arrive souvent, fini par y croire lui-même.

Un autre indice indirect de ce qui s'est réellement produit se trouve dans quelques gestes de Touvier, accomplis au même moment. Alors que la rafle des juifs destinés à être tués a déjà commencé, il se rend chez un prêtre jésuite pour lui demander conseil. Le père lui recommande de rejoindre le maquis, ce qui paraît irréaliste à Touvier. S'il n'avait pas pris lui-même la décision, s'il ne faisait qu'exécuter un ordre venu de la Gestapo, aurait-il vécu la situation comme problématique, aurait-il cherché conseil ? Au petit matin du 29 juin, à peine les sept otages fusillés, Touvier fonce à Vichy, où il obtient la grâce d'un jeune résistant emprisonné, dont il connaît la famille ; le lendemain, il va lui-même le chercher en prison pour le conduire chez ses parents. Cet acte ne ressemble-t-il pas à s'y méprendre à une tentative pour se racheter – qui, là encore, n'aurait pas de sens si Touvier ne se sentait nullement responsable de ce qui venait de se produire à Rillieux ?

Ces coïncidences ne sont pas des preuves ; mais elles rendent plus que vraisemblable l'hypothèse selon laquelle Touvier était lui-même à l'origine de la décision. Il faut ajouter un détail : s'il n'a pas épargné la vie de vingt-trois juifs, comme il le prétend, il a bien arraché à la mort une personne, au moment de l'exécution ; mais ce geste, loin de le disculper, transforme au contraire les représailles d'un crime de guerre (aujourd'hui prescrit) en crime contre l'humanité (imprescriptible) : cet homme n'est pas juif. Dans un premier temps, en effet, on emmène huit personnes ; Touvier les croise dans l'escalier et, reconnaissant l'une d'entre elles, un résistant actif, demande que celui-ci soit gardé en prison. Seuls les juifs doivent subir les représailles. Ce faisant, Touvier signe, paradoxe des circonstances, sa propre condamnation.

Leçons

Le procès de Touvier est terminé. A quoi a-t-il servi ? A quoi servent, aujourd'hui, les procès des crimes contre l'humanité, comme ceux de Touvier et Barbie ?

Ces questions appellent d'abord une réponse positive. Les procès ont servi à appliquer la loi, à rendre justice et à châtier les coupables. Barbie a été reconnu coupable de la déportation à Auschwitz de quarante-quatre enfants juifs qui se cachaient à Izieux ; Touvier, de l'exécution de sept otages juifs à Rillieux : actes criminels qui méritent d'échapper à toute prescription. Il est juste que, même cinquante ans plus tard, les auteurs de ces forfaits puissent être punis. Cependant, l'attention publique dont ces procès étaient entourés indique qu'on en attendait quelque chose de plus : non seulement l'application de la loi, mais aussi une leçon s'adressant à l'opinion publique, un exemple concernant le Droit lui-même ou la Morale, la Mémoire ou l'Histoire. Or, de ce point de vue, les résultats sont moins satisfaisants.

Peut-on dire que ces procès ont illustré et glorifié l'idée du Droit serein et impartial ? Difficilement. D'abord, ils reposent tous les deux sur l'étrange définition du crime contre l'humanité, retenue par la Cour de cassation, selon laquelle les mêmes actes sont crimes s'ils sont accomplis par des Allemands (ou au service des Allemands) et cessent de l'être si leurs auteurs sont des Français, agissant au nom de l'Etat français ou des institutions françaises. N'est-ce pas nier par là l'un des principes fondamentaux de notre droit, l'égalité de tous devant la loi ? L'avocat de Touvier ne s'est pas privé de le rappeler devant l'audience : le massacre de quinze mille officiers polonais à Katyn était un crime contre l'humanité tant qu'on le croyait de la responsabilité de Hitler ; il a cessé de l'être dès qu'on a appris qu'il relevait de celle de Staline. Une telle transformation du jugement se retourne contre le droit lui-même et le tourne en dérision. Pourquoi, en outre, laisser le rappel de ce principe à l'avocat de Touvier, qui n'est pas un ardent défenseur de l'esprit républicain, alors que l'égalité devant la loi appartient aux fondements mêmes de la République ?

La volte-face de l'accusation, en cours d'instruction, donne également l'impression que les principes du droit sont une chose bien malléable. Toute l'instruction de l'affaire tend à prouver que Touvier a agi de son propre chef. Soudain, on s'aperçoit (à cause du non-lieu rendu par la Cour de Paris) qu'une telle formulation ne permet pas la condamnation ; on se met alors, avec la même conviction que précédemment, à affirmer le contraire : Touvier a agi par la volonté des Allemands, au bénéfice de l'Allemagne. Il est inadmissible qu'une telle notion soit redéfinie de manière aussi radicale d'une année à l'autre : ce qui était crime cesse de l'être (les brutalités de la milice en son propre nom), ce qui ne l'était pas le devient (la persécution des résistants par la Gestapo). N'est-on pas en train d'adapter la loi aux objectifs politiques du moment au lieu de la laisser juger pareillement tous les cas particuliers ?

Le livre d'Eric Conan et d'Henry Rousso, *Vichy, un passé qui ne passe pas*, consacre au procès Touvier un long chapitre particulièrement convaincant. Telle qu'elle figure dans le droit français au moment du procès, affirment-ils, la définition du crime contre l'humanité ne s'applique pas au forfait du milicien. Son acte ne peut être intégré dans la « solution finale » mise en œuvre par les nazis allemands, comme c'est le cas du forfait de Barbie ; l'exécution des otages, seraient-ils juifs, est un crime de guerre, « un crime français, inscrit dans le contexte de la guerre franco-française ». Les auteurs intitulent donc l'une des sections de ce chapitre « Vérité juridique, mensonge historique » et concluent : « Le verdict de Versailles a condamné en définitive un complice des nazis, un collaborateur, sur une interprétation fausse des faits et sur des bases juridiques pour le moins fragiles… De quoi douter de l'exemplarité de tels procès. »

Enfin, on a souvent entendu dire au cours de ces procès qu'ils n'étaient pas seulement celui de Barbie ou de Touvier, mais aussi de la Gestapo et de la milice. On espère aussi qu'il y aura un procès de l'administration collaborationniste sous

Vichy, en l'occurrence le procès Papon, lequel est également inculpé de crimes contre l'humanité. Est-il légitime de juger et de condamner quelqu'un pour l'exemple, pour que soit mise au pilori l'organisation criminelle à laquelle il appartenait ? Faut-il reprocher à Barbie l'existence d'Auschwitz ? L'individu doit être jugé pour ce qu'il a fait, non pour ce qu'il est ou représente : voilà un autre principe du droit auquel il n'y a pas de raison de renoncer.

Le jugement moral n'est pas à sa place dans les prétoires de justice. Il pourrait cependant se formuler à l'occasion de tels procès, en marge des débats ; or rien de tel ne s'est produit pendant le procès Touvier. On aurait pu se poser, notamment, une question comme celle-ci : alors que la résistance française et le gouvernement de Londres connaissaient bien l'horrible pratique des représailles adoptée par les occupants allemands comme par la milice, alors que, le 28 juin 1944, l'issue de la bataille de France était déjà acquise en faveur des Alliés, l'exécution de Philippe Henriot était-elle une nécessité ? Se poser cette question ne signifie nullement, comme le prétend Touvier, que sa culpabilité s'en trouve diminuée ; les deux actes (l'attentat contre Henriot, l'exécution de Rillieux) sont bien séparés, l'un ne découle pas automatiquement de l'autre. Il n'est pas interdit pour autant, cinquante ans après les faits, de s'interroger aussi sur leur signification morale.

On a dit également que de tels procès servaient la Mémoire, qu'ils apprenaient aux jeunes générations ce qu'a été le passé et empêchaient ainsi que celui-ci se répète. La leçon du procès Barbie n'était pourtant pas probante à cet égard : en rappelant les tortures infligées par cet officier de la Gestapo à des résistants, on ne retenait qu'une partie du passé en omettant l'autre, à savoir que les résistants pouvaient traiter de la même manière les nazis ou collaborateurs qui tombaient entre leurs mains. En se contentant de poursuivre un policier allemand, on permettait de laisser dans l'ombre les responsabilités des divers services français. Ce procès était, en somme, bien commode : l'accusé était entièrement différent de nous, il incarnait la cruauté, la violence, l'antisémitisme. L'enfer, c'est les autres ; nous sommes entièrement du côté du bien. Et si être raciste avait été, en 1943, aussi « naturel » que d'être antiraciste en 1987 ?

Le procès Touvier ne se prêtait pas au même brouillage des distinctions : Touvier était français, il était poursuivi pour un crime révoltant. Le rôle de la milice y a été rappelé, mais sans que soit apportée aucune révélation (tout au long des débats, on est resté en deçà de ce qu'on peut apprendre en consultant les ouvrages spécialisés). Si la « mémoire » n'a donc pas été malmenée, elle n'a pas non plus été particulièrement bien servie. Le procès a aussi été l'occasion, comme l'a écrit Laurent Greilsamer dans *Le Monde* en mars 1994, de « satisfaire au nouveau culte de la mémoire » : non de restituer tel ou tel fragment du passé oublié, mais de proclamer haut et fort que « la mémoire a des droits imprescriptibles », qu'il y a un « devoir de mémoire », qu'on doit se constituer en « militants de la mémoire ». Est-il donc avéré et accepté par tous que la mémoire ne peut être qu'une très bonne chose ?

Sans entrer dans le détail de cette vaste question (je lui ai consacré un petit livre, *Les Abus de la mémoire*), on peut rappeler que la mémoire n'est jamais la restitution intégrale du passé, mais toujours et seulement un choix et une construction ; que ces dernières opérations ne sont pas déterminées par la matière qui advient à la mémoire, mais bien plutôt par les sujets qui se souviennent, en vue de tel ou tel but. Si la restitution du passé en elle-même n'a rien de préjudiciable, certaines utilisations de la mémoire sont plus nobles que d'autres ; la mémoire peut servir à la répétition ou à la transformation, elle peut avoir une fonction conservatrice ou émancipatrice, ce qui ne revient pas au même. Tout un chacun a le droit de se souvenir comme il le souhaite, certes ; mais la communauté valorise certains usages de la mémoire et en réprouve d'autres, elle ne saurait pratiquer un culte de la mémoire indifférencié.

Les procès n'ont donc pas vraiment servi le travail de mémoire, pas plus qu'ils n'ont honoré le droit. Ce n'est pas ici qu'on pourra prendre exemple pour d'hypothétiques procès dans les pays ex-communistes concernant les responsables des assassinats, tortures et déportations en camps de concentration. Il reste à espérer qu'ils ont eu une utilité politique, en rappelant à tous la signification de certains choix idéologiques, tels la haine raciale ou le mépris pour les droits de l'individu : la souffrance et la mort des innocents sont leurs ultimes conséquences.

6. Débats sur le racisme

Le gouvernement français avait décidé, en mai 1987, d'instruire un procès très public à l'ancien nazi Klaus Barbie pour rappeler aux nouvelles générations les horreurs du nazisme. Le 13 juin de cette même année, alors que le procès Barbie était en cours, un ouvrier tunisien était battu à mort dans les rues de Nice. Ses agresseurs, arrêtés peu après, ont expliqué aux policiers, sans manifester de remords : « Nous, on est racistes, on aime pas les Arabes. » Le père d'un des membres de la bande (rapportait *Le Monde* du 1er août 1987) a déclaré aux policiers qu'il « comprenait et approuvait les mobiles de son fils ». Ce n'est pas la seule fréquence de tels faits qui est frappante, c'est aussi la possibilité – pour la première fois depuis 1945 – de se dire raciste sans avoir à en rougir. Les ratonnades qui se terminent parfois en meurtre, les refus de servir les personnes physiquement différentes de soi ou de leur louer un appartement ne se comptent pas. Moins d'un an après le procès Barbie, environ 15 % des électeurs français, soit plus de 4 millions de personnes, ont accordé leurs suffrages à un parti d'extrême droite se réclamant de valeurs proches de celles du nazisme. Ces résultats ont été consolidés depuis. La leçon de mémoire n'a pas porté.

Faut-il s'en inquiéter ? Si l'on se sent concerné par les atteintes portées à l'égalité et à l'universalité, donc aussi à la justice et à la morale, on sera touché par les manifestations du racisme. Pour l'individu dépaysé que je suis, l'urgence a aussi une autre source. Même si la xénophobie ne se confond pas avec le racisme, les deux ont partie liée et partent du même rejet de ce qui est différent de soi. Je n'oublie pas les longues queues immobiles devant la préfecture de police, où, Noirs, Jaunes, Basanés ou Blancs comme moi, venus obtenir ou renouveler une carte de séjour, nous nous serrions les uns contre les autres pour résister au froid et à l'hostilité ambiante. J'éprouve donc le besoin non de proclamer mes droits et d'exiger mon dû (pour cela, l'égoïsme propre à chacun suffit), mais de chercher à comprendre les raisons du racisme ; d'interroger mes propres réactions en ce qu'elles pourraient avoir d'apparenté à celles des autres.

Certains analystes ont tendance à minimiser l'importance du phénomène, et à y voir une manifestation quelque peu perverse d'un processus toujours identique, celui de l'expansion inexorable de l'individualisme démocratique, la victoire de « l'âge hédoniste-communicationnel ». Selon cette hypothèse somme toute optimiste, que développe par exemple Gilles Lipovetsky, la montée des intégrismes ou des passions nationalistes témoigne à rebours de ce que les appartenances collectives sont soumises à l'autonomie de l'individu et à ses choix. « Dans la société de l'hyperchoix, pourquoi n'existerait-il pas la gamme existentielle de l'intransigeance religieuse, le créneau du traditionalisme strict ? » L'extrémisme religieux ou raciste ne serait donc qu'un produit parmi d'autres dans « l'hypermarché des styles de vie » ; qu'on puisse le choisir prouverait notre liberté accrue, non notre dépendance. Une telle vision est plutôt rassurante pour le long terme. Comme néanmoins l'issue heureuse ne peut jamais être tenue pour acquise (pessimisme balkanique ?), je voudrais me tourner vers quelques autres interventions dans ce débat pour essayer de mieux m'y orienter.

Les anti-antiracistes

Parmi les intellectuels, on ne se réclame pas (pas encore ?) du racisme. Pourtant, deux formes d'argumentation se sont fait jour, qui permettent de maintenir certaines thèses racistes. La première, qui a été bien analysée par Pierre-André Taguieff, consiste à adopter un discours modifiant l'ancienne doctrine sur plusieurs points essentiels, de sorte que ceux qui le pratiquent peuvent déclarer : « Je ne suis pas raciste. » Le discours de l'ancien raciste insistait sur la différence dans les caractéristiques physiques des êtres ; celui qui le remplace aujourd'hui ne reconnaît ouvertement que celle des traits culturels. « Je ne suis pas raciste », annonçait Brigitte Bardot, partie en croisade contre le sacrifice du mouton pratiqué par certains musulmans en France. « Je ne vois pas la couleur de la peau, mais l'âme des gens. » L'ancien raciste affirmait la supériorité de certaines races sur d'autres ; de nos jours, on se contente d'insister sur la différence infranchissable qui les sépare. Enfin, naguère, on aspirait à la soumission des autres races (leur élimination, dans le cas extrême de Hitler) ; on souhaite maintenant leur éloignement de nous, leur renvoi au pays d'origine (s'ils ne veulent pas se plier à nos coutumes, poursuit Bardot, qu'ils partent).

La seconde forme d'argumentation, sur laquelle je voudrais m'arrêter plus longuement, revient à embrasser une nouvelle doctrine, celle de l'anti-antiracisme (la double négation n'entraînant pas nécessairement l'affirmation). Dans un premier temps, on oppose racistes et antiracistes comme deux extrêmes également indésirables, également responsables du malaise dans la société contemporaine, « deux mouvements démagogiques de sens contraire ». L'ennemi principal, toutefois, ce sont les « potes », les « Harlem sans désir », bref des organisations comme SOS-Racisme, ainsi que certains personnages « massmédiatiques » qui leur servent de caution. On ne peut être surpris de trouver, parmi les tenants de cette nouvelle doctrine, tel député du Front national qui s'écrie à l'Assemblée nationale (en octobre 1987) : « On nous bassine avec le serpent de mer du racisme. » Il est un peu plus inquiétant de voir y figurer Philippe Sollers, un écrivain si admiré par les médias : au cours d'un de ces débats dont Paris a le secret (la fleur de l'intelligentsia y affrontait le ministre de la Culture), il condamnait « les formes collectives énervantes que peut prendre le combat contre le racisme ». Un autre personnage médiatique, Jean-Edern Hallier, ajoutait : « Je veux pouvoir aimer Jeanne d'Arc sans me faire traiter de raciste. » Pourquoi pas, en effet ?

Le titre d'un ouvrage récent, *Racismes, antiracismes*, indique déjà qu'il y sera question de deux menaces comparables. Ce recueil contient des études d'orientations et de qualités différentes, mais le ton est donné par les deux organisateurs, Julien Freund et André Béjin, dont les textes ouvrent et ferment le volume, comme par la contribution d'Alain Daniélou, qui vient en tête. Les antiracistes, à en croire Freund, empoisonnent l'atmosphère et « font une besogne presque aussi sale que celle des racistes » (il oublie que les victimes du racisme se comptent littéralement par millions, alors que celles de l'antiracisme ne sont pour l'instant que métaphoriques). Les antiracistes privilégient une partie de la population (les immigrés) au détriment de l'autre (les autochtones) et entravent « la liberté spontanée des êtres » qui tremblent de se retrouver accusés de racisme (voir plus haut). Ils rappellent à cet ancien prisonnier de guerre qu'est Freund « des miradors » d'où l'on épie à longueur de journée « tout mouvement incertain » ; ils ont pour vocation « de suspecter l'innocence et de brider toute privauté ». Pour Daniélou, les « antiracistes sont souvent les plus perfides ennemis des groupes, des races et des civilisations menacées », car l'antiracisme n'est, évidemment, qu'un masque dont s'affuble l'impérialisme européen, tout universalisme dissimulant nécessairement un ethnocentrisme ; impérialisme sinon militaire, tout au moins culturel, le grand et peut-être unique rêve de tous les antiracistes étant de voir Chinois et Africains porter le complet-veston. Les races, elles, non seulement existent, mais, telles des espèces animales, sont séparées par des barrières infranchissables : la différence entre un Bantou et un Chinois est, paraît-il, comparable à la différence entre le zèbre et l'âne. Pour Béjin, qui campe sur les positions du Front national, l'antiracisme est également un masque, mais porté cette fois-ci par les impérialistes africains, « qui louchent sur nos terres ». Les Africains, sans le dire, nous ont déclaré la guerre, en considérant l'Europe de l'Ouest comme une « colonie de peuplement », et leurs bombes démographiques sont plus dangereuses que la Bombe ; les antiracistes leur servent de cheval de Troie. Ils sont le venin qui menace la capacité « quasi immunologique » d'un peuple de rejeter les autres.

Paul Yonnet est un autre auteur contemporain qui illustre l'idéologie de l'anti-antiracisme. Chez lui, les politiciens du Front national sont d'abord crédités des meilleures intentions : « Le Pen se défend d'être raciste, et renvoie l'invective à ses adversaires » ; il est temps de ranger au placard « le chiffon rouge des holocaustes ». Pour nous en convaincre, Yonnet insiste sur l'abîme infranchissable qui est censé séparer le racisme, quand même peu recommandable, et la xénophobie, omniprésente et, pourquoi pas, bonne (c'est le « rejet d'une greffe par un corps » : quoi de plus naturel ?). L'antiracisme, lui, est assimilé à une tentative pour instaurer « l'ordre moral ».

En même temps, Yonnet adopte quelques autres thèmes familiers. D'un côté, mépris pour les civilisations non européennes (lourdes ironies sur l'intention du gouvernement d'« enseigner les beautés cachées des cultures étrangères ») ; heureusement que « les Hexagonaux n'accepteront pas de sitôt que le Maghreb soit l'avenir de la France ». De l'autre, défense et promotion de l'identité nationale : le danger se profile aujourd'hui d'une « déportation culturelle de l'identité française », en particulier de ce « pilier de l'identité française » qu'est le vin rouge, qui a besoin d'être défendu contre le gouvernement socialiste (un député européen d'extrême droite, l'ancien cinéaste Claude Autant-Lara, s'était déjà distingué par son attaque contre cette boisson détestablement cosmopolite qu'est le Coca-Cola et par la promotion concomitante de notre bon vin national).

De cet anti-antiracisme-là au racisme proprement dit, il n'y a qu'un petit pas, que Daniélou et Béjin n'hésitent pas à franchir. Le premier s'empare à son tour de la métaphore médicale : « L'instinct de rejet et d'élimination des hybrides que l'on appelle racisme est un phénomène de défense normal du corps social analogue au rejet des organes greffés par tout corps vivant » ; alors que le second défend les « racistes » qui sont simplement des personnes « fières des supériorités de leur communauté ethnique », qui ne sont donc qu'ethnocentriques, porteurs d'un « ethnocentrisme naturel et même sain ». Ce qui justifie, pour Béjin, « la préférence pour l'Europe » : c'est l'idéologie du nationalisme étendue jusqu'à Gibraltar – mais pas au-delà. « Nous "enrichir de nos différences" ? Certes, mais entre Européens d'abord. »

Y a-t-il, dans cet anti-antiracisme, autre chose que l'indice d'une obsession personnelle ? Je suis tenté de répondre par la négative quand j'observe que, de façon bien prévisible, les thèmes xénophobes se mêlent à des phantasmes sexuels. Daniélou pense que les droits des peuples sont bafoués à cause des « fantaisies sexuelles de quelques pervers érotiques », qui éprouvent un goût anormal pour des partenaires d'une autre race ; Béjin, lui, stigmatise ces intellectuels antiracistes « qui se rêvent "créatifs" pour se masquer qu'ils craignent d'être procréateurs » ; il veut combattre le flot des immigrés par une fécondité bien de chez nous. Pourtant non, on ne peut expliquer par une quelconque pathologie une opinion qui suscite l'approbation d'une part considérable de la population, à savoir l'électorat du Front national.

Face à la montée du racisme

Une attitude toute différente se laisse observer chez de nombreux anciens militants de gauche : ils prennent la montée de l'extrême droite et du racisme tout à fait au sérieux et demandent de la combattre par la répression ou, le cas échéant, par la (contre-) violence. La législation antiraciste a été renforcée en France : une nouvelle loi a été votée qui criminalise la falsification de l'histoire de la Seconde Guerre mondiale (le déni des chambres à gaz) ; le Front national a parfois du mal à trouver des salles ou des terrains où tenir ses réunions. D'aucuns ont appelé à son interdiction pure et simple.

On peut se demander si de telles réactions ne risquent pas d'aggraver le mal dont elles voudraient nous guérir. D'abord, les adhérents du Front national ne transgressent pas les règles du jeu démocratique, n'appellent pas à la lutte armée ni ne promettent l'instauration d'une dictature ; ils se servent des mêmes instruments politiques que les autres partis : les urnes et la télévision. Ensuite, comme on l'a fait remarquer au moment du vote des nouvelles lois, pour combattre une fièvre il ne suffit pas de casser le thermomètre : si un parti recueille 15 % des suffrages, il ne disparaîtra pas à la suite de son interdiction ; en démocratie, on ne peut interdire aux gens de penser autrement qu'on le souhaite. Criminaliser l'interprétation tendancieuse de l'histoire est excessif et risque de produire des effets contraires à ceux qu'on escompte. La vérité n'a pas besoin d'une loi pour être protégée ; légiférer là-dessus, c'est agir comme si l'on doutait que ce soit une vérité. Enfin, lutter contre le racisme par la répression sans chercher à analyser ce qui le provoque paraît l'exemple même de ces politiques à courte vue que la gauche d'antan aimait à critiquer chez ses adversaires.

Serait-on obligé de choisir ou bien la complaisance ou bien

le rejet sans tentative de comprendre ? Pas nécessairement. Les travaux des historiens, des démographes, des sociologues peuvent être ici d'un secours certain et ils le sont déjà. C'est dans ce même type de travail d'analyse et de compréhension que voudraient s'inscrire les remarques qui suivent.

L'être humain ne se contente pas de venir au monde physique, comme les animaux ; sa naissance est nécessairement double : à la vie biologique et à l'existence sociale. En même temps que dans le monde, il entre dans une société dont il acquiert la règle du jeu, le code d'accès, que nous appelons une « culture » : des traditions, une langue, des règles de conduite. La culture a une double fonction : « cognitive », en ce qu'elle nous propose une préorganisation du monde environnant, un moyen de nous orienter dans le chaos d'informations que nous recevons à tout instant et donc d'avancer dans la recherche du vrai (la culture est comme la carte ou maquette du pays que nous allons explorer) ; et « affective », en ce qu'elle permet de nous percevoir comme appartenant à un groupe spécifique et d'en tirer une confirmation de notre existence.

Mon existence à mes propres yeux, c'est-à-dire l'image de moi en ma conscience, ne va pas de soi, en effet, et je ne peux en recevoir la confirmation que de l'extérieur, des autres : soit des individus (l'enfant découvre sa propre existence en captant le regard de sa mère : je suis ce qu'elle regarde), soit des groupes (je suis un élève, un musulman, un Français : donc j'existe). La quête de reconnaissance et de confirmation de notre existence ne se limite pas à l'enfance, mais domine la suite de la vie sociale, infiniment plus que ne le font la recherche de plaisirs ou la poursuite de jouissances personnelles ; elle n'a rien d'un atavisme dont on pourrait se débarrasser.

La classification sommaire à laquelle nous soumettons le monde environnant grâce à notre appartenance à une culture s'applique aussi aux groupes humains. Sa catégorie de base est celle qui oppose « nous » à « eux », les autres. C'est dans ce cadre que vient s'inscrire la conduite que nous appelons « racisme ». Quels en sont les ingrédients ?

Tout d'abord, il faut que je puisse identifier, au sein de la société dans laquelle j'habite, un sous-groupe dont les caractéristiques sociales provoquent en moi la peur, la haine ou le mépris. Jusque-là, la démarche du raciste est parallèle à celle du xénophobe qui identifie un groupe humain distinct du sien et le rejette. La xénophobie et son partenaire obligé, l'ethnocentrisme (dévalorisation des autres, survalorisation des miens), sont des phénomènes sociaux répandus sur toute la surface du globe, même si les différentes sociétés ne leur réservent pas le même traitement : les étrangers peuvent aussi bénéficier d'une hospitalité particulière ou profiter de l'attrait exercé par tout ce qui est exotique. Le deuxième pas sépare cependant le racisme de la xénophobie générale, même si ce n'est pas au point de les opposer, comme le prétend Yonnet : il faut maintenant que l'extension de ce groupe rejeté coïncide avec celle d'un autre, que j'identifie par ses caractéristiques physiques visibles (les Noirs, les Basanés, les Jaunes) ; c'est ce que j'appelle « race », sans me soucier du fait que les biologistes contestent la portée de ces regroupements : les races existent, puisque je les vois. Enfin, de cette coïncidence je conclus que la seule présence des caractéristiques physiques suffit pour garantir celle des caractéristiques sociales.

On voit quelle est la place, à la fois marginale et révélatrice, qu'occupe l'antisémitisme par rapport au racisme. Les « sémites » ne constituant pas une race visible, l'antisémite se contente d'associer plusieurs séries de caractéristiques sociales (ainsi la religion et le métier, ou certaines manières de les pratiquer) ; mais, en périodes d'antisémitisme virulent, il cherche à les faire coïncider avec des caractéristiques physiques visibles, comme on le constate aisément, par exemple, dans la propagande de Vichy par le moyen des images.

Le contexte actuel

Le racisme n'apparaît pas mécaniquement dans telles ou telles circonstances ; il est clair pourtant que certaines conditions lui sont particulièrement favorables. La première d'entre elles est l'érosion de l'identité culturelle traditionnelle et donc la disparition de la reconnaissance sociale qu'elle apportait. Il est incontestable que la France traverse aujourd'hui une telle transformation. Les informations comme les produits culturels, les biens de consommation comme les capitaux ignorent de plus en plus les frontières ; même si les personnes ne circulent pas encore librement partout, elles le font plus que jamais. Une tendance multiforme à l'homogénéisation des sociétés et à la destruction de leurs identités traditionnelles se laisse donc observer de plus en plus clairement. En Europe, le glas des Etats-nations semble avoir sonné : certaines fonctions de l'Etat seront transférées à la Communauté européenne, d'autres aux régions ; l'ancien Etat ne sera plus qu'une instance parmi d'autres. Or « l'Europe » ne peut provoquer le même type d'identification que « la France ».

Il en va de même à l'intérieur du pays, où la capacité de changer de région, de profession, de milieu, devient une condition de la réussite sociale ; où la classe moyenne absorbe progressivement les oppositions antérieures des classes (sans pour autant effacer celle des riches et des pauvres) ; où les médias omniprésents, avant tout la télévision, diffusent partout les images d'un même style de vie. Les anciennes relations de voisinage, qui assuraient la reconnaissance tranquille (quoique peu gratifiante) de chacun, sont très relâchées : quand on habite une cité de banlieue, l'identité individuelle des voisins ne joue plus le même rôle ; quand on habite le centre-ville, l'accès des immeubles est interdit par un « code ». La menace du chômage rend l'identification à une profession bien fragile.

Enfin, l'évolution de la vie politique, avec l'effacement progressif des grands antagonismes – Est-Ouest à l'extérieur, gauche-droite au-dedans ; tous sont maintenant pour la démocratie et pour le marché –, ne permet pas non plus de se reconnaître dans une famille politique par opposition aux autres. L'affaiblissement de l'emprise qu'avaient ces « organisations de masse » que sont l'Eglise catholique ou le Parti communiste est un autre signe de ce qu'il est de plus en plus difficile de maintenir les identités traditionnelles.

Une autre dimension problématique de l'identité culturelle française est constituée par le rapport au passé colonial. Depuis une vingtaine d'années, on se penche en France avec insistance sur l'épisode vichyssois, sur la compromission avec la politique nazie. Or l'épisode colonial est beaucoup plus long (la seule « aventure » algérienne va de 1830 à 1962), il a donc laissé des traces dans la conscience de plusieurs générations de Français, et les rapports entre colonisateurs et colonisés n'ont guère été moins violents, loin de là, que ceux entre Français (non juifs) et Allemands pendant la dernière guerre. La colonisation est aujourd'hui annulée et ce sont les ressortissants des anciennes colonies qui se retrouvent nombreux en métropole. Cette question, dont on perçoit aisément toute la complexité psychologique, est absente du discours public contemporain. Le colonialisme, la décolonisation et leurs séquelles font l'objet de travaux spécialisés, mais ils sont refoulés par la conscience collective. Ce refoulement, à son tour, nuit à l'établissement d'une identité culturelle nouvelle.

A cette première condition – l'obstruction des canaux traditionnels de la reconnaissance – s'ajoute une seconde : la présence, sur le même sol, de groupes physiquement dissemblables. C'est en partie, donc, une séquelle imprévue du colonialisme : les individus africains ou asiatiques « francisés » ont tendance à chercher refuge dans l'ancienne métropole. La grande raison du mouvement des populations, qui s'ajoute à l'évolution des mentalités et à la facilité des transports, est, bien sûr, l'énorme différence de niveau de vie ici et là. Tant que cette différence se maintiendra, le flot des migrations ne s'arrêtera pas.

Enfin, troisième condition, à l'intérieur de la France, les membres de ces groupes physiquement identifiables sont souvent associés à des comportements sociaux spécifiques – et, en partie, menaçants. En réalité, pour des raisons sociales et non raciales, ils constituent une forte proportion de la population dans les banlieues défavorisées. Or cette population est la première à souffrir des difficultés économiques.

Ou bien ses membres sont au chômage, privés de ressources et donc conduits vers la dépendance sociale, sinon vers la criminalité et la violence. Se sentant exclus de la société, ils ne se soucient pas de protéger la propriété publique ou privée : ils s'attaquent aussi bien aux autobus qui desservent leur banlieue qu'aux voitures des particuliers. (Ils satisfont ainsi, paradoxalement, leur propre besoin de reconnaissance, de « respect ».) Devenus les représentants des « races » qu'on peut identifier physiquement au premier coup d'œil parce qu'ils sont différents de la majorité, ces individus sont tenus pour coupables de la dégradation du lien social, même si la responsabilité réelle incombe à une « classe » plutôt qu'à une « race » et qu'on retrouve parmi les fauteurs de troubles les représentants de tous les groupes physiques. Le reste de la population a vite fait de conclure : basané, donc dangereux.

Ou bien encore, immigrés clandestins ou pas tout à fait en règle avec la loi, trouvant un travail (illégal), ils acceptent de se faire payer moins que d'autres – qui, du coup, les accusent de les conduire au chômage. Les groupes « visibles » seront, une fois de plus, les premiers visés.

Que conclure ? D'abord, je crois, que le racisme a des raisons structurelles et qu'il risque de se maintenir longtemps ; il ne s'explique pas par une perversion personnelle ou par le manque déplorable de bonnes intentions. Identifier un « nous » et un « eux » sur la base de caractéristiques physiques, rationaliser cette séparation en leur associant des comportements sociaux est le moyen le plus facile de s'orienter dans une société où les autres repères ont disparu. Cela ne rend pas le racisme plus aimable : si la peur des Rouges se trouve évincée par celle des Noirs et des Basanés, nous n'aurons pas gagné au change.

Il apparaît ensuite que les réactions légales ou morales ne touchent qu'à la surface des choses. Il est bon qu'il y ait des lois poursuivant la discrimination et les crimes raciaux, il est bon qu'on éduque les enfants dans l'esprit de la morale universaliste et de la tolérance mutuelle. Toutefois, les sanctions légales ou morales n'agissent pas sur les raisons du racisme, seulement sur ses symptômes. Le traitement de fond ne peut être que social et il doit s'attaquer aux conditions favorisant l'épanouissement du racisme (c'est une banalité, mais elle n'est pas moins vraie). Les migrations de populations ne peuvent être arrêtées ; mais on peut combattre la constitution de ghettos, la discrimination professionnelle, l'enfermement des communautés : il faut éviter la coïncidence entre groupe social et groupe « racial ». D'un autre côté, il faut favoriser d'autres formes, non exclusives, de la reconnaissance sociale : le « nous » qui m'apporte la confirmation de mon existence peut être une association sportive ou culturelle, un quartier ou un lieu de travail (où se mélangent différentes « races »). Il faut bien sûr pour cela qu'il y ait du travail et des quartiers habitables et des écoles accueillantes et…

Voilà pourquoi je ne me sens pas rassuré.

7. Politique des intellectuels

Qu'est-ce qu'un intellectuel ? Pour ma part, je délimite l'usage de ce mot de la manière suivante : c'est un savant ou un artiste (catégorie qui inclut les écrivains) qui ne se contente pas de faire œuvre de science ou de créer des œuvres d'art, de contribuer donc à la progression du vrai ou à l'épanouissement du beau, mais qui de plus se sent concerné par le bien public, par les valeurs de la société dans laquelle il vit, et qui participe donc au débat concernant ces valeurs. L'intellectuel ainsi compris se situe à égale distance de l'artiste ou savant qui ne se soucie guère des dimensions politique et éthique de son œuvre ; et du prêcheur ou du politicien professionnel, qui ne crée pas d'œuvre.

Tant que j'habitais dans un pays communiste, je croyais que les seuls problèmes des intellectuels provenaient de leur manque de liberté et des pressions qu'ils subissaient de la part des autorités. Si seulement ils vivaient en démocratie, me disais-je, rien ne pourrait les empêcher de jouer pleinement leur rôle. Or, une fois à Paris, je me suis aperçu que les intellectuels occidentaux avaient, à leur tour, un rapport problématique à la vie politique de leur pays. Je ne pense pas ici aux cas extrêmes, celui du créateur enfermé dans sa « tour d'ivoire » ou celui de l'ex-créateur, devenu militant au service du pouvoir (ou de la Révolution qui doit le renverser), guère différent des autres militants. La grande majorité des intellectuels n'entre pas dans ces catégories bien délimitées. Il faut ici reprendre les choses d'un peu plus loin.

Les trois voix

Le philosophe et sociologue américain Christopher Lasch a proposé une typologie des intellectuels. Il identifie trois rôles, qui correspondent en gros à trois périodes de l'Histoire : l'intellectuel comme voix de la conscience, comme voix de la raison, et comme voix de l'imagination. Dans le premier cas, il est moraliste et s'appuie sur les traditions et la religion ; c'est le modèle le plus ancien. Le second s'oppose au premier à l'époque des Lumières et la figure idéale devient ici le savant. Le troisième correspond à la révolte romantique contre les Lumières ; il s'incarne dans le marginal, le poète maudit, l'artiste. Chacun se place donc sous une bannière différente : le bon, le vrai, le beau. Lasch ne cache pas ses préférences pour le premier modèle, auquel il nous invite à revenir, après les errements des Lumières et du romantisme ; il souhaite « faire revivre la tradition à demi oubliée du discours moral et public, dans lequel l'intellectuel adresse son appel à la conscience, plutôt que soit à la raison scientifique, soit au rêve romantique de libération ». Il est prêt à assumer le « retour à la religion » qu'un tel choix implique à ses yeux.

Ce qui me convainc dans le raisonnement de Lasch est son refus de sacrifier les valeurs éthiques à quelque autre catégorie. Le bien ne se réduit pas au beau, le bien ne se déduit pas du vrai. L'artiste en tant que tel, le savant en tant que tel n'ont pas de leçons de morale à nous donner ; ils ne sont pas plus sages que le citoyen ordinaire. En même temps, deux points, dans cette typologie, me paraissent discutables. Le premier concerne l'identification de la morale avec la religion (et plus généralement avec la tradition) – ce en quoi Lasch est rejoint, mais avec des arrière-pensées opposées, aussi bien par les conservateurs que par les libertaires (la morale, c'est la religion, donc c'est bon ; la morale, c'est la religion, donc c'est mauvais). Or on peut légitimer la morale par autre chose que l'idée de Dieu ; par exemple, en suivant les enseignements de Rousseau et de Kant, par l'idée d'humanité universelle et d'irréductibilité de l'individu. C'est ce que désignait, entre autres, le vieux terme d'« humanisme ».

Le second point qui fait pour moi problème est solidaire du premier, mais me paraît plus important encore : c'est de voir opposer conscience et raison, donc de postuler que les lois de la conscience sont irrationnelles. Lasch y parvient en réduisant non seulement la morale à la religion, mais aussi la raison à l'argumentation scientifique et finalement aux sciences positives. Or morale et science, qui ne se confondent pas, ne s'excluent pas non plus. Il est vrai que la science ne peut nous faire découvrir le bien et le mal et que la morale ne doit pas enseigner le vrai et le faux ; les deux se rejoignent cependant dans l'appel qu'elles font à l'humanité universelle. Les raisonnements de la science ne s'imposent pas par la force des traditions ou des armes, mais parce que tout être humain peut y accéder par la force de son propre esprit. Les principes de la morale à leur tour, comme l'ont montré à notre époque un Habermas en Allemagne, un Marcel Conche en France, se fondent sur la possibilité du dialogue humain, lui-même impliquant l'idée d'universalité.

J'ai donc un peu de mal à prendre à mon compte les trois voix identifiées par Lasch, dont le point de départ est peut-être la distinction de Max Weber entre trois formes de légitimité, traditionnelle, rationnelle et charismatique (qu'on pourrait à son tour faire remonter à telle phrase de Pascal : « Il y a trois moyens de croire : la raison, la coutume, l'inspiration »). Classique pour classique, je préfère pour ma part une autre répartition, celle de Montaigne, qui distingue trois attitudes envers la vérité et les valeurs : celle des nihilistes (dirions-nous aujourd'hui), qui ont renoncé à les chercher ; celle des dogmatiques, qui les ont déjà trouvées ; et celle des explorateurs impénitents, qui poursuivent leur quête, même s'ils savent qu'elle ne pourra jamais se terminer. La différence entre ces derniers et les nihilistes, particulièrement nombreux à notre époque, est radicale, puisqu'elle concerne les buts auxquels on aspire. Celle d'avec les dogmatiques est plus spécifique, car elle a trait, avant tout, aux moyens employés : les dogmatiques reçoivent leurs valeurs de la tradition (religieuse ou non) ou de l'inspiration du moment (des propos d'un chef charismatique ou de l'œuvre d'un artiste génial), les chercheurs de vérité et de valeurs les découvrent à travers l'observation du monde et le dialogue entre les hommes.

L'intellectuel du troisième type, ni dogmatique ni nihiliste, a affaire à la fois à la vérité et aux valeurs, comme le veut la définition de sa vocation ; mais de plus, il vit ces deux rapports dans l'harmonie, puisqu'il ne croit ni aux vérités préétablies, ni aux valeurs qui reposent sur le seul acte de foi. Cet intellectuel-là, contrairement aux autres, n'est pas un anachronisme.

La tentation de l'utopisme

George Steiner rapporte quelque part l'anecdote suivante. Décidant de tenir compte (avec un peu de retard) des révélations sur le Goulag, Sartre aurait dit : Supposons que tout cela soit vrai. Quand même, un être humain normal peut avoir deux réactions différentes. L'une est de constater : Je vous l'avais bien dit ! Quelle bêtise d'en avoir attendu autre chose ! Et l'autre : Diable ! Voilà encore un grand espoir de l'humanité qui s'en va en fumée !

Ce sont donc là deux rôles opposés : l'intellectuel comme maître en lucidité et l'intellectuel comme pourvoyeur d'espoirs. La manière même dont est formulé le contraste indique que les préférences de Sartre vont à la seconde position. La démarche ici défendue est celle de l'utopisme : la conception d'un état idéal de l'humanité et la tentative pour le réaliser sur terre (le communisme en est la variante la plus récente – mais non la seule). Les utopies ont, bien sûr, toujours existé ; mais, de Platon à Rousseau, leur fonction a été d'éduquer l'esprit pour lui permettre d'analyser le monde, non de fournir des plans aux technocrates du lendemain. L'utopisme, lui, est différent et le glissement semble s'opérer en l'espace d'une seule génération, entre Rousseau et Robespierre, lorsque celui-ci commence à appliquer dans les faits, et sur des individus dans un premier temps vivants, ce qui n'était, pour celui-là, qu'une exploration de la logique de l'Etat (mais, bien entendu, l'utopisme était préparé depuis bien plus longtemps, dans la tradition millénariste chrétienne). A partir de ce moment, les intellectuels se sont crus obligés de produire sans cesse de nouvelles utopies, d'ouvrir de nouvelles « fenêtres sur l'espoir », de découvrir des lieux « qui fixent l'imagination ».

Est-il vrai, comme le voulait Sartre, que le rôle de l'intellectuel soit d'implanter la foi et d'inspirer le sacrifice pour une juste cause ? L'ambition inhérente de tout utopisme – instaurer le paradis sur terre – est-elle, ne disons pas réalisable, mais simplement souhaitable ? Sans même croire au péché originel inexpiable, ne peut-on dire que quelque chose dans la condition humaine interdit de trouver une solution globale à tous nos problèmes, d'atteindre des améliorations autres que partielles ? Auquel cas, ce qui serait à condamner n'est pas seulement l'implantation ponctuelle du nouveau rêve, avant-hier en Russie, hier en Chine, mais la forme même du raisonnement qui nous entraîne vers ces espoirs – et qui ne nous propose, en fait, que le choix frustrant entre le renoncement en cours de route et un aboutissement qui a pour nom la Terreur.

L'opposition, aujourd'hui banale en France, entre les figures de Sartre et de Raymond Aron vient ici à l'esprit. On a un peu trop tendance à l'assimiler à celle entre politique et science : d'un côté le pur idéologue, qui décide finalement de tout en fonction de ses choix affectifs, de l'autre le spécialiste, le savant, qui a appris à se mettre à l'écoute des faits. Pourtant, Aron est aussi un moraliste. Leurs morales, cependant, n'ont pas même origine : Sartre a, en dernière analyse, celle du croyant qui adhère aveuglement à un dogme ; Aron professe une morale rationnelle, fondée sur l'idée de l'universalité humaine et maintenue par le débat argumenté. C'est pour cette raison que Sartre se soucie peu des faits, alors que leur prise en compte est le premier pas obligé dans la démarche d'Aron. Cependant, Aron n'était pas un partisan de la *Realpolitik* ; le problème qu'il cherchait constamment à résoudre pourrait même être formulé ainsi : comment, après avoir reconnu que la politique n'est pas la morale, distinguer entre politiques acceptables et politiques inacceptables ? L'intellectuel n'a pas à se faire pourvoyeur d'espoirs ni défenseur du souverain bien ; plutôt, dans un monde où bien et mal absolus sont rares, il aide à distinguer entre meilleur et pire.

Errements des intellectuels

Si l'on se penche sur l'histoire de notre siècle, c'est pourtant autre chose qu'on observe. Ces dernières années, l'attention a été attirée sur le cas de Heidegger et de plusieurs de ses admirateurs et disciples, qui avaient adhéré, avant ou pendant la Seconde Guerre mondiale, aux idées du nazisme. Ils n'étaient évidemment pas les seuls ; avant comme après la guerre, un nombre probablement supérieur d'intellectuels se sont dévoués corps et âme à l'une ou l'autre variante du marxisme politique : stalinisme, trotskisme, maoïsme, castrisme… Si l'on ajoute à cette liste quelques cas isolés, comme le soutien, fût-il éphémère, apporté par Michel Foucault au régime de Khomeiny, et que l'on fait l'addition des différentes tendances, on constate que, même si elles ne sont pas les seules à avoir existé, elles représentent une forte proportion de l'ensemble des intellectuels européens.

Telle est l'énigme : alors que depuis deux cents ans les pays occidentaux se sont engagés sur la voie de la démocratie, voie choisie majoritairement par l'ensemble de la population, les intellectuels, qui en sont en principe le segment le plus éclairé, ont plutôt opté pour les régimes violents et tyranniques. Si le vote avait été réservé, dans ces pays, aux seuls intellectuels, on vivrait aujourd'hui en régime totalitaire – et on n'aurait plus besoin de voter ! Ce choix volontaire de la servitude m'a paru d'autant plus étrange que je savais, moi, combien la vie des intellectuels sous ce régime pouvait être douloureuse et frustrante. Comment se fait-il, me demandais-je une fois en France, que la moyenne de la population soit politiquement plus sage que son élite ? S'agit-il d'un égarement chaque fois individuel ou faut-il en chercher une explication globale, des raisons pour ainsi dire structurelles ? Pourquoi les intellectuels se rendent-ils coupables d'une telle complaisance à l'égard des régimes totalitaires ? Ils ne peuvent tout de même pas être plus bêtes et méchants que le commun des mortels !

Plusieurs interprétations de l'énigme ont déjà été proposées. George Orwell s'était posé la question dans les années quarante. Lui aussi opposait intellectuels et gens ordinaires, en préférant ceux-ci à ceux-là. En Angleterre, à la veille de la Seconde Guerre mondiale, ce sont les gens simples qui tiennent à leur liberté, qui croient au bien et au mal et qui respectent l'intelligence ; les intellectuels, eux, ont tôt fait de démasquer ces « fictions métaphysiques ». Le résultat est que ces derniers pratiquent la complaisance à l'égard du fascisme et, plus encore, du stalinisme ; alors que les gens communs savent qu'il faut combattre Hitler.

La cause est à chercher, suggère Orwell, dans le fait même que ce sont là, sur le plan spirituel, des êtres plus doués que la moyenne. Ils tentent d'arriver au pouvoir par la force de leurs seules capacités intellectuelles ; or la démocratie est moins propice à cette fin que la tyrannie, laquelle offre la possibilité de devenir conseiller du maître (la déplorable expérience de Platon auprès du tyran de Syracuse, comme des autres philosophes qui se sont essayés à ce rôle depuis, ne semble décourager personne). Les sympathies spontanées de l'intellectuel vont au régime aristocratique, non à la démocratie. De plus, préoccupés par les difficultés inhérentes à leur travail même, ils n'ont que de vagues idées sur tout ce qui lui est extérieur. Selon Orwell, seuls peuvent chanter « les meurtres nécessaires » (comme le faisait le poète Auden dans les années trente) ceux qui n'ont jamais vu de près un cadavre. « Cela ne peut être écrit que par une personne pour qui le meurtre est essentiellement un mot » (on pourrait contester ce dernier point). Si lui pense le contraire, ce n'est pas parce qu'il est meilleur intellectuel, c'est parce qu'il a été, aussi, policier, clochard et soldat.

On pourrait évoquer dans ce contexte les réflexions suggestives du philosophe allemand Karl Löwith, formulées dans son livre *Ma vie en Allemagne avant et après 1933*. L'auteur y raconte son expérience de disciple de Heidegger qui se trouve, de surcroît, être un juif. En vrai philosophe, Löwith est particulièrement attentif aux implications politiques des idées philosophiques – de celles-là mêmes qui lui ont été les plus chères. Il a appris à ses dépens que le culte du « vivre dangereusement » conduit, « par de nombreux détours et pourtant directement, de Nietzsche aux phrases héroïques de Goebbels ». Il fait voir comment des poètes et des écrivains comme Spengler, Stefan George ou Gundolf préparaient le terrain au triomphe du fascisme – même si, individuellement, ces mêmes auteurs étaient révulsés par la vulgarité de Hitler et n'acceptaient pas de l'appuyer. Löwith rappelle que ce qui a perdu les Allemands dans ces sombres années, c'est, entre autres, la tradition, qui veut dissocier les idées abstraites des faits particuliers. Quoi qu'en disent de subtils philosophes, les mots peuvent bien renvoyer aux choses et non seulement à d'autres mots. Löwith a atteint à la difficile humilité qui consiste à reconnaître qu'il avait, dans sa jeunesse philosophique, contribué à la « déshumanisation de l'homme » –, contribué à détruire ce à quoi il allait chercher à s'accrocher plus tard de toutes ses forces.

Une deuxième explication, qui n'est pas incompatible avec la première, aurait trait à l'un des principes fondamentaux de la société démocratique, à savoir l'autonomie : l'individu comme la collectivité y ont le droit d'exiger que leurs normes soient assumées par eux plutôt que de leur être imposées de l'extérieur. Dans ce contexte, la critique des normes existantes est une fonction essentielle de la société ; les intellectuels se sont identifiés à cette fonction. De l'attitude critique, conséquence de l'exercice même de la raison, ils font une question de principe, quel que soit l'ordre régnant ; vivant en démocratie, ils sont prêts à embrasser le credo totalitaire, puisqu'il leur permet une critique radicale du *statu quo*. De ce point de vue, l'heideggerianisme aujourd'hui vient simplement prendre la relève d'un marxisme essoufflé ; c'est pour cette raison qu'il peut être, désormais, de gauche.

Si l'on suivait cette interprétation, développée par Luc Ferry et Alain Renaut dans leur livre *Heidegger et les modernes*, on pourrait voir aussi d'où viendrait la solution du problème : les intellectuels n'ont pas à renoncer à leur fonction critique, mais ils peuvent l'exercer au nom de la modernité, au lieu de se placer en dehors d'elle et de la rejeter en bloc. Le projet démocratique n'est pas pleinement réalisé et il s'est trop souvent compromis dans des alliances douteuses ; on peut donc critiquer les pays démocratiques à partir de leur idéal même.

On pourrait ajouter à ces deux interprétations une troisième. Depuis la disparition des normes extérieures, le modèle de l'art semble avoir acquis parmi nous une importance croissante, l'art lui-même étant pensé en termes d'autonomie (l'œuvre est belle en elle-même, non parce qu'elle illustre une vérité ou une leçon morale). Du même coup, les intellectuels, les écrivains, les artistes ont commencé à appliquer systématiquement des critères esthétiques au domaine de l'éthique et de la politique (c'est le règne de l'imagination selon Lasch). Le credo romantique, longuement analysé par Paul Bénichou, voudrait que la modernité assiste au « sacre de l'écrivain ». On dira donc que les poètes seront les « législateurs de l'univers » (Shelley), ou que « la beauté sauvera le monde » (Dostoïevski), ou que « l'esthétique est la mère de l'éthique » (Joseph Brodsky). Depuis fort longtemps déjà, on ne prend plus cette prétention à la lettre, pourtant son esprit continue d'agir, sur nous et en nous. Il n'est pas rare, au vingtième siècle, qu'on demande aux projets politiques, comme aux œuvres d'art, d'être bouleversants, radicalement novateurs, assurant l'intensité de l'expérience.

Quelle beauté, quelle esthétique – puisqu'il y en a plus d'une ? Pendant trois mille ans, les poètes, de Homère à Junger et au-delà, ont chanté la beauté de la guerre : dois-je croire que c'est aussi un bien ? Depuis maintenant des siècles, la littérature occidentale s'enivre de la beauté de la violence : faut-il que je l'accepte parce qu'elle conduit à des vers ou à des films magnifiques ? Plus près de nous, des écrivains européens des années vingt et trente, justement, ont appelé de leurs vœux le fascisme et la régénération d'une culture qu'ils jugeaient décadente ; les poètes russes du début du vingtième siècle ont glorifié la violence révolutionnaire, ont chanté la beauté de la destruction. La guerre est peut-être plus belle que la paix, le tourbillon de la révolution que la monotonie de l'existence pacifique, et beaucoup d'artistes ont succombé à cette séduction ; pourtant, même si j'apprécie aussi les belles histoires, en politique je préfère la paix – et je ne suis pas le seul. « La vérité est laide », disait Nietzsche et, un siècle plus tard, nous ne pouvons, amers, qu'acquiescer. Nous préférons pourtant connaître cette laide et amère vérité plutôt que de nous laisser leurrer par le beau mensonge. L'audace d'une pensée coupée de ses attaches avec le monde réel n'est pas forcément un atout, dans ce domaine, et il ne doit pas faire bon vivre dans la République de Platon : dans la vie publique, seule la modération est vertu, non l'extrémisme.

Le remplacement de la morale et de la politique par l'esthétique est inadmissible. « N'a-t-on rien d'autre à reprocher aux camps de la mort que leur laideur ? » se demande à juste titre André Comte-Sponville. La morale est légitimée par l'universalité, la politique vise au bien commun du groupe, on ne peut leur substituer des références à la beauté ou à la passion. A la place des défuntes vérités révélées doivent apparaître non la beauté, mais la morale universelle, le consensus issu du dialogue, l'amour pour les individus.

Séduits par la beauté des idées, les intellectuels décident trop souvent que les réalités correspondant à ces idées doivent être belles, elles aussi – jusqu'au jour où ils se trouvent nez à nez avec le fascisme, ou le communisme, réels. Combien d'errements seraient épargnés (et combien de tonnes de papier !) s'ils acceptaient de suivre, par principe, le chemin inverse et d'adhérer à une conviction seulement quand ils sont prêts à en assumer les conséquences dans leur propre vie ! Certains jours, tous les rêves sont permis.

8. Censure et liberté d'expression

J'étais sorti bien déçu de l'exposition « Censures », qui s'était tenue à Beaubourg il y a de cela quelques années. Cela m'a surpris : je croyais que mon passé totalitaire avait fait de moi un défenseur inconditionnel de la liberté d'expression. Je ne pouvais pourtant pas m'empêcher de trouver que l'amalgame avait présidé à l'organisation de cette exposition ; que le contentement de soi, non la réflexion, avait été son but. Tout s'y mélangeait : censure de l'imaginaire et censure des faits, censure des textes et censure des images (les livres d'enfants d'Agnès Rosenstiehl et de Leïla Sebbar côtoyaient dans une vitrine *New Look* et *Penthouse*), interdictions pour les enfants et interdictions pour les adultes. Les pourfendeurs de la censure adoptaient en somme la même attitude d'assimilation que les censeurs eux-mêmes : la dénonciation des tortures en Algérie est aussi noble (ou ignoble) que la pornographie. La conclusion qui s'imposait était que le passé était un océan d'obscurantisme et que nous devions nous féliciter d'en être sortis.

De belles phrases incitaient le spectateur à l'enivrement. La liberté ne s'étouffe jamais : Diderot. Malgré l'Inquisition, la terre tourne : Galilée. Le catalogue de l'exposition annonçait la couleur par la voix de Robert Badinter, auteur de la préface : la censure, c'est toujours et seulement « l'expression de l'intolérance et de la peur », le combat de « l'amateur d'ordre et d'uniformité » contre « la pensée » ; que vive « la tolérance qui donne à la pensée de l'Autre sa pleine liberté ».

La même débauche de bons sentiments et d'amalgames douteux avait déjà eu lieu quelques mois plus tôt, à propos de l'« exposition Pasqua », consacrée par le ministre de l'Intérieur de l'époque à la violence et à la pornographie. Le journal *Libération* avait largement profité de l'occasion pour nous annoncer que les libertés essentielles du citoyen s'en trouvaient menacées. Heureusement que la censure a condamné (en 1857) *Les Fleurs du mal* : cela prouve l'injustice de l'interdit qui frappe aujourd'hui *L'Echo des savanes*, suggérait Daniel Filipacchi, dont la société publie ce journal et quelques autres du même genre (alors qu'au vrai ce n'est pas le génie qu'ils ont en commun avec Baudelaire, mais seulement la misogynie).

Le vice-président de la même société, Frank Ténot, allait plus loin : poursuivre les pornographes aujourd'hui, disait-il, c'est comme traquer les juifs hier (Pasqua lui faisait penser à Darquier de Pellepoix, le commissaire aux affaires juives sous Pétain) : les uns et les autres sont de pauvres victimes sans défense (on voit mal en quoi aurait consisté l'équivalent, chez les juifs, des bénéfices juteux que retirent les éditeurs de ces magazines à grand tirage). Jack Lang, ministre socialiste de la Culture à l'époque, évoquait Rabelais, la cathédrale de Bourges et Picasso pour justifier les pratiques de la presse Filipacchi (célèbre, n'est-ce pas, pour son action désintéressée en faveur de l'art pur et de l'esthétique d'avant-garde), oubliant qu'il peut y avoir différence entre art et commerce : si *New Look* passe aujourd'hui à des images plus *soft*, ce n'est pas au nom des exigences de la recherche artistique, mais parce que l'étude du marché montre que cela se vend mieux.

Liberté et pouvoir

Une image, pourtant, dans l'exposition « Censures », incitait à se poser au moins une question. Elle montrait des jeunes gens brûlant des journaux et affiches OAS, au cours d'une manifestation à Paris, en 1962. L'étrange, c'est qu'elle figurait (amalgame oblige) dans une série d'images montrant des livres brûlés, depuis les autodafés de l'Inquisition jusqu'aux incendies publics organisés par les nazis. Pourtant, la signification de cette image ne pouvait être la même, puisque brûler, ici, c'était se libérer, non opprimer. Le catalogue de l'exposition présentait du reste une autre série de photos semblables : des hommes qui, à Budapest en 1956, brûlent les livres de Lénine et les portraits de Staline, au milieu de quelques drapeaux soviétiques. De quel côté, ici, serait celui qui, pour reprendre la formule de Badinter, ne donne pas à la pensée de l'Autre sa pleine liberté ? Staline était-il un « Autre » pour les ouvriers hongrois ?

« Quel est ce pouvoir supposé par les censeurs de l'écrit, champ de l'imaginaire, sur le passage à la réalité ? » affirmait – plutôt que n'interrogeait – le texte sur une des vitrines de l'exposition. Or les censeurs ne sont pas les seuls à supposer ce pouvoir : nous tous qui écrivons le faisons, au moins dans nos moments d'euphorie, et beaucoup de nos lecteurs aussi ; de surcroît, les passerelles sont multiples entre imaginaire et réalité. La parole est action et comme telle peut servir au meilleur ou au pire. Sous le nom de propagande (d'Etat ou de parti), elle peut conduire à la violence et à l'esclavage ; sous le nom d'*entertainment* (divertissement), ou de publicité, elle peut produire l'abrutissement. Se défendre contre ces actions est légitime, même si le feu n'est pas le meilleur moyen : voilà ce qui explique les autodafés dans les rues de Budapest comme dans celles de Paris.

Comment pourrait-il en être autrement ? Seul un analphabète

politique ou un démagogue peut prétendre que la plus grande liberté de tous soit un principe suffisant pour régler la vie en société. Puisque nous vivons en commun, les actions même solitaires ont des effets sur les autres; si rien ne vient réglementer cette vie, seule comptera la force. Or la liberté du plus fort signifie l'absence de liberté pour les plus faibles : c'est toujours l'histoire du renard libre dans le poulailler. La liberté pour les violeurs équivaut à la soumission des violées. Ou, pour revenir aux diverses formes d'expression : si mon voisin a la liberté irrépressible de me calomnier, je n'ai plus celle de sortir dans la rue sans rougir. Si les annonceurs de réseaux de prostitution par minitel ont la liberté de couvrir les murs de ma ville d'affiches montrant des femmes ligotées ou simplement réduites à des objets de consommation, je n'ai plus celle de me promener sans les voir ou d'empêcher mes enfants d'intérioriser ces images. La démocratie implique l'existence d'une volonté générale, que *limite* la liberté de chacun de faire ce qu'il veut tant que cela ne concerne pas les autres; il est aberrant d'ériger cette limite en principe d'action exclusif.

C'est s'enfermer dans le malentendu que d'affirmer: la réprobation de certains textes ou images est, en elle-même, réactionnaire et « de droite ». Une journaliste de *L'Evénement du jeudi* imagine ces réactions à l'« exposition Pasqua » : « 1) passer pour une femme de gauche, dire que c'est scandaleux, gestapesque, et que je vais de ce pas signer une pétition saignante aux droits de l'homme; 2) prendre sur moi, accepter la dose de droite qui roupille en moi, admettre que ce que j'ai vu est dégueulasse. » Quel étrange cadeau offert à « la droite » : la défense exclusive des valeurs démocratiques ! Etre du côté du droit contre la force (en l'occurrence celle des millions du groupe Filipacchi) n'est-il pas une valeur digne d'être défendue ? Quant aux droits de l'homme (et, peut-on supposer, des femmes) : les défend-on en protestant contre l'outrage que ces dernières subissent quotidiennement ou en signant des pétitions pour que les marchands puissent avoir la « liberté » de se remplir les poches à leurs dépens ?

Un épisode imprévu est venu perturber les belles assurances des organisateurs de l'exposition contre la censure : un groupe de négationnistes (ceux qui nient l'existence des chambres à gaz et de la « solution finale » concernant les juifs) sont venus coller leurs affiches et tracts sur les murs mêmes de l'exposition. Loin de se réjouir de cette irruption de la marginalité, de cette manifestation spontanée de la pensée de l'Autre, le directeur de la bibliothèque, aidé par son personnel et quelques visiteurs qui venaient d'admirer l'exposition, s'est empressé d'arracher ces affiches ; une bagarre s'est ensuivie et plainte a été déposée, non, comme le suggérait Badinter, au nom de l'intolérance et de la peur, mais pour incitation à la haine raciale. Cette réaction (que les organisateurs de l'exposition n'avaient pas prévue) me paraît pourtant bien naturelle : ces tracts et affiches constituent une action (comme le font d'innombrables autres paroles) et il est normal qu'on la combatte. Je ne suis pourtant pas pour qu'on censure ces publications, car je crains que ne se produise encore « l'effet Baudelaire » (interdit, donc bon) ; il paraît que la chose a déjà commencé.

La liberté des artistes

Philip Roth remarque, dans une auto-interview, que bien des gens à l'Ouest envient secrètement les persécutions dont souffrent les écrivains à l'Est, « comme si, en l'absence d'un contexte autoritaire, les possibilités de l'imagination étaient diminuées et le sérieux de la littérature contestable ». Il ajoute : « Une menace plane sur l'Amérique : c'est la banalisation insidieuse de toute chose dans une société où l'on ne peut vraiment pas dire que la liberté d'expression soit entravée ». De son côté, Kasimierz Brandys, écrivain polonais qui habite à

Paris, déclare : « L'oppression rend fou, mais la liberté rend idiot. » De quoi s'agit-il ? La liberté d'expression aurait-elle quelque autre défaut secret ?

Même en laissant de côté l'incitation – que représente toute interdiction – de s'exprimer par métaphore et allégorie, par sous-entendus et allusions (la persécution affine l'art d'écrire, disait Leo Strauss), on voit bien de quoi il retourne. Dans les démocraties occidentales, les écrivains sont, certes, libres d'écrire ce qu'ils veulent – mais il n'est pas sûr que ce fait doive provoquer une joie sans réserves : il est la conséquence d'un désintéressement de la société pour ce qu'ils écrivent. L'individu a acquis son autonomie ; l'envers de cette acquisition est qu'il ne compte plus pour sa société et qu'elle ne le prend plus en considération ; il peut dire ce qu'il veut, personne ne l'écoute. Dans un pays totalitaire en revanche, l'existence même de la censure était la preuve que ce que disaient les écrivains importait ; du reste, ils jouissaient d'une popularité incomparable (la juxtaposition des tirages d'un livre de poésie ici et là avait de quoi rendre mélancolique le poète occidental le plus épris de liberté).

Regardons la situation d'un peu plus près. Dans les pays de l'Est, l'écrivain pouvait choisir entre trois rôles, avec bien entendu un bon nombre de positions intermédiaires entre eux.

Il y avait, premièrement, le pôle officiel. Le rapport entre l'Etat et l'écrivain était ici très fort, mais il était imposé par l'Etat. Celui-ci donnait beaucoup (les écrivains étaient des privilégiés : leurs honoraires étaient élevés, ils bénéficiaient de postes-sinécures et de maisons de repos particulières, les chefs de l'Etat aimaient les admettre dans leur intimité et leur parole y était écoutée), mais il demandait aussi beaucoup en retour (l'obligation non seulement de ne pas dire ce qu'il ne fallait pas, mais, pire, de dire ce qu'il fallait).

Le deuxième pôle était celui de la dissidence ; le rapport au monde environnant était encore très fort, seulement il se liait non plus avec l'Etat mais avec la société civile, invisible et pourtant bien réelle. Donc, pas de récompenses officielles, mais le sentiment, ô combien réconfortant, d'être devenu la voix du peuple.

Enfin, troisième rôle, celui de l'artiste pur : pas plus que le dissident, il ne glorifiait l'Etat ; mais, comme l'écrivain officiel, il évitait de le dénigrer : ce n'était pas en ces termes qu'il se définissait. Il écrivait pour lui-même, pour l'art et pour l'éternité ; en pratique, il parlait de préférence du passé et (ou) du monde privé. Il était, de ce fait, marginalisé, mais à la longue l'honnêteté paye : il jouissait de l'admiration générale. Pour ma part, j'étais encore trop jeune pour jouer quelque rôle que ce soit, à l'époque où je vivais en Bulgarie ; je pense néanmoins que la troisième voie, celle de l'écrivain retiré, m'aurait séduit le plus.

Face à ce « triangle », la situation à l'Ouest ne se réduit tout de même pas à un seul point, celui de l'individu isolé qui écrit sans que personne ne s'en soucie. Il est vrai que lorsque c'est la seule économie du marché qui règne sur la culture, la société n'exprime que bien imparfaitement ses exigences à l'égard des artistes. Tel n'est cependant pas le cas en France, et du reste les pays occidentaux ne sont pas aussi atomisés, ni aussi dépourvus de valeurs communes qu'aiment à le dire les nihilistes modernes. Ces valeurs sont toutefois d'une espèce particulière. Alors que dans les idéocraties (désignons par ce terme à la fois les théocraties à l'ancienne et les Etats totalitaires modernes) règne l'adage : le salut est unique, l'erreur multiple, c'est tout le contraire dans les démocraties. Ici, c'est le crime seul qui est objet de consensus (c'est ce que les lois réprouvent) ; quant au bien, on laisse chaque individu libre de le chercher tout seul : le trouve-t-il dans l'alcool ou dans l'héroïne qu'on ne s'en émeut pas outre mesure. Ce qui est codifié c'est donc la forme, non la substance : les limites du royaume du privé. De même, on n'interdit aucune doctrine à cause de son contenu, sauf celles qui rendraient impossible la libre circulation des doctrines, qui remplaceraient le débat par la violence. Celles-là, en revanche, doivent être combattues : si la République de Weimar l'avait fait, elle aurait peut-être pu empêcher la montée du nazisme.

Dans les démocraties occidentales donc, l'écrivain, pas plus que les autres membres de la société, n'est un individu entièrement isolé et de ce fait irresponsable ; il vit plutôt dans la tension entre ces deux pôles, la solitude (nécessaire à la pratique même de sa profession) et la solidarité (impliquée par son besoin de s'adresser aux autres) ; cette ligne de tension est préférable au « triangle » de l'Est (il vaut mieux que l'Etat soit une émanation de la société, plutôt que d'être en conflit permanent avec elle). Certains soirs, dit mon ami Adam Zagajewski, c'est un vrai dilemme : écouter la BBC ou Brahms ? Ou, si l'on pense à l'action : participer à un projet politique ou écrire une symphonie ?

C'est probablement l'alternance des deux, plutôt que l'exclusion de l'un ou de l'autre, qui est encore la plus satisfaisante. Me sentir membre de ma communauté me libère de mes illusions égocentriques ; me plonger en moi-même et en mon art me permet de me débarrasser des clichés qui circulent autour de moi. L'alternance peut aussi être dictée par le rythme de l'Histoire. Dostoïevski imaginait qu'au lendemain du tremblement de terre à Lisbonne, au milieu des décombres encore fumants, un poète écrivait un poème ne parlant que trilles de rossignol et murmures de ruisseau ; et, qui plus est, sans utiliser aucun verbe. Il redoutait, pour ce poète, un sort peu enviable : que les habitants de la ville l'exécutent sur place ; il n'arrivait pas à les en blâmer. Cela n'empêchait pas Dostoïevski d'admirer le poème en question : heureusement, la terre ne tremble pas tous les jours, même à Lisbonne.

Liberté et responsabilité

Une plus grande liberté encore, une liberté totale est-elle souhaitable ? Si les écrivains demandaient de pouvoir tout dire, en toutes circonstances, cela signifierait qu'ils réclament pour leur parole une irresponsabilité totale, autrement dit qu'ils acceptent que la société n'en tienne aucun compte. Or, on le sait bien, dans la mesure où les écrivains deviennent des « intellectuels », c'est-à-dire qu'ils se sentent concernés par le devenir du bien public, ils aspirent à parler à leurs concitoyens, et non seulement à se laisser admirer par eux. Ce qui signifie que le droit de liberté doit être équilibré par un devoir de responsabilité. Rien ne doit entraver la recherche de vérité, certes, mais la parole publique est action et incitation à l'action ; comme telle, elle relève, ainsi que toutes les autres actions, des lois de la cité.

Dans les années précédant immédiatement la Seconde Guerre mondiale et surtout pendant la guerre, Simone Weil s'est exprimée à plusieurs reprises sur le sujet, en assumant une position extrême, qui a le mérite, pour cette raison précisément, d'être particulièrement claire. Au début du petit volume intitulé *L'Enracinement*, elle s'interroge pour savoir si l'idée de censure ne contredit pas trop ouvertement le principe de liberté d'expression auquel adhèrent les sujets des Etats modernes. Elle répond en substance : on ne peut avoir à la fois le beurre et l'argent du beurre. Il est impossible pour les écrivains de revendiquer le rôle de maîtres de conscience, de prôner le « sacre de l'écrivain » et en même temps de se réclamer de l'irresponsabilité de l'écrivain qui a le droit de tout dire simplement parce qu'il fait vivre notre imaginaire.

A la même époque, Simone Weil envoie une lettre aux *Cahiers du Sud* (publiée seulement après la guerre), dans laquelle elle attire l'attention sur la responsabilité des surréalistes, dadaïstes et autres écrivains de l'avant-guerre dans l'effondrement de la France face à la menace hitlérienne. En voici un extrait significatif : « Je crois en la responsabilité des écrivains de l'époque qui vient de s'écouler dans le malheur de notre temps. Le caractère essentiel de la première moitié du vingtième siècle, c'est l'affaiblissement et presque l'évanouissement de la notion de valeur. Le dadaïsme, le surréalisme ont exprimé l'ivresse de la licence totale, ivresse où se plonge l'esprit quand, rejetant toute considération de valeur, il se livre à l'immédiat. Les écrivains n'ont pas à être des professeurs de morale, certes, mais ils ont à exprimer la condition humaine, or rien n'est si essentiel à la vie humaine, pour tous les hommes et à tous les instants, que le bien et le mal. Quand la littérature devient par parti pris indifférente à l'opposition du bien et du mal, elle trahit sa fonction et ne peut prétendre à l'excellence. »

Dans *L'Enracinement*, Simone Weil formule une exigence comparable à propos de Gide. « Sans aucun doute par exemple, Gide a toujours su que des livres comme *Les Nourritures terrestres* ou *Les Caves du Vatican* ont eu une influence sur la conduite pratique de la vie chez des centaines de jeunes gens et il en a été fier. Il n'y a dès lors aucun motif de mettre de tels livres derrière la barrière intouchable de l'art pour l'art et d'emprisonner un garçon qui jette quelqu'un hors d'un train en marche. »

La suggestion qu'il faut considérer l'écrivain comme responsable de l'acte d'un autre me paraît excessive : Simone Weil raisonne comme si le garçon en question, qui accomplit un crime, avait été entièrement déterminé par sa lecture de Gide, comme s'il ne disposait d'aucune volonté propre ni d'aucune liberté. Sur le plan légal, il y a une solution de continuité, et qui doit se maintenir, me semble-t-il, entre l'expression d'un phantasme et l'accomplissement d'un crime. Cela ne veut pas dire que sur un autre plan, celui du débat public et non plus des prétoires de justice, on ne doive pas s'interroger pour savoir si telle œuvre n'a pas motivé tel acte criminel (de nombreux exemples permettent d'établir ce genre de liaison). Il ne faut pas censurer ces œuvres, ni traîner leurs auteurs en justice, mais il n'est pas illégitime d'exprimer publiquement sa désapprobation, au nom du bien commun de la société dans laquelle on vit, et de leur refuser, par exemple, un financement par l'Etat. Cela ne revient nullement à dicter à l'artiste le contenu de ses œuvres, ni à transformer l'art en propagande d'Etat, seulement à reconnaître que certaines valeurs, même véhiculées par des œuvres d'art, peuvent, dans certaines circonstances, servir le mal. Une fois de plus, l'artiste ne saurait revendiquer à la fois son indépendance totale *et* la sollicitude bienveillante de la communauté.

La responsabilité – morale, et non plus légale – des écrivains et des artistes est-elle la même que celle de n'importe quel citoyen ? On trouve un jugement nuancé là-dessus dans l'essai qu'a consacré Hannah Arendt au destin politique de Bertolt Brecht. Elle y réfléchit sur les devoirs de l'écrivain, en l'occurrence au sein d'un régime communiste. Arendt commence par citer une phrase de Goethe qui donne en quelque sorte aux artistes le droit de s'avancer un peu plus loin que le commun des mortels : « Les poètes ne pêchent jamais lourdement » ; elle-même la reprend à son compte en écrivant : « On peut accorder aux poètes une certaine latitude, une latitude comme nous ne voudrions guère nous en accorder les uns aux autres dans le cours ordinaire des événements, disons le droit de se tromper un peu plus. » Dans un deuxième temps cependant, revenant sur les éléments de la situation particulière de Brecht, elle suggère que, tout en donnant plus de latitude aux écrivains, on devrait aussi en exiger plus. Cette fois-ci, et pour inverser un dicton latin, ce qui est permis au bœuf ne l'est pas à Jupiter. Brecht est plus coupable de servilité envers le pouvoir que n'importe quel citoyen ordinaire de l'Allemagne de l'Est. C'est précisément dans la mesure où l'on accorde une plus grande autorité au poète qu'on ne peut lui pardonner autant qu'au commun des mortels. C'est la raison, semble-t-il aussi, pour laquelle de Gaulle a refusé la grâce de Brasillach, accusé de trahison au lendemain de la Libération : « Péché d'intellectuel », péché particulièrement grave.

Il faut ajouter ici (autre distinction manquant chez Simone Weil) qu'on ne peut juger de la même manière des énoncés formulés dans une démocratie et dans un régime totalitaire. Les propos antisémites de Brasillach ou de ses compagnons de combat seraient restés une opinion parmi d'autres, dans le premier cas (qu'on aurait pu à la rigueur faire condamner pour incitation à la haine) ; ils se transforment, dans le second, en délation entraînant le danger de mort : le châtiment doit être plus sévère.

L'affaire Rushdie : les ennemis et les amis

Les violentes réactions provoquées par *Les Versets sataniques* de Salman Rushdie se sont situées, dans un premier temps, dans le cadre de ce même débat : pour ou contre la liberté d'expression. On se souvient des faits : interdit en Inde, au Pakistan et en Arabie saoudite peu après sa publication en Angleterre (septembre 1988), le roman de Rushdie a attiré l'attention mondiale après la condamnation à mort de l'auteur et de son éditeur, lancée par l'ayatollah Khomeiny en février 1989 ; condamnation assortie, dans la grande tradition de la chasse aux hors-la-loi, d'une prime de trois millions de dollars. L'interdiction s'est alors étendue à d'autres pays à forte population musulmane (Kenya, Sénégal, etc.).

En France, la condamnation a reçu le soutien d'une petite partie de la population musulmane et la « compréhension » de plusieurs personnalités représentatives, dont voici un échantillon : Jacques Chirac, à l'époque maire de Paris, a déclaré n'avoir « aucune estime pour Rushdie ni pour les gens qui utilisent le blasphème pour se faire de l'argent ». Le cardinal Decourtray, alors président de la Confédération des évêques de France, a tenu à faire savoir qu'il réservait sa « solidarité à tous ceux qui vivent dans la dignité et la prière cette blessure » infligée par Rushdie, plutôt qu'à l'écrivain lui-même. Mohamed Arkoun, professeur à la Sorbonne et occasionnellement à Princeton, s'est dit outré des indignations suscitées par la *fatwa* de Khomeiny, puisqu'elles « reposent sur un postulat idéologique tout à fait inacceptable » : défendre aujourd'hui les droits de l'homme, c'est « répéter le discours colonial, qui légitimait la domination sur les autres peuples et cultures par l'exportation de la civilisation élaborée en Europe ».

Que dire de ces déclarations ? Chirac et Decourtray se sont comportés en politiciens : ils ne voulaient pas s'aliéner la population musulmane de France ; ils se souciaient de l'effet de leur parole, non de sa vérité. Ils n'ont apparemment jamais ouvert le livre de Rushdie ; leurs conseillers non plus, ce qui est plus grave (on ne demande pas aux hommes politiques de savoir faire la critique des romans mais de bien choisir leurs collaborateurs). Qu'ils contreviennent à ce qu'ils proclament eux-mêmes comme leur conviction intime, la défense des libertés individuelles dans un cas, la charité chrétienne dans l'autre, est tout aussi flagrant. Arkoun, lui, ne cherche pas d'excuses politiques : sa position est, dit-il dans le même entretien, « scientifique » (le terme revient quatre fois) et, plus spécifiquement, « sémiologique » (six fois). Mais qu'a de scientifique l'argument selon lequel une doctrine ne peut être universelle dès l'instant où elle est née quelque part, ou l'affirmation que les droits de l'homme doivent être pensés « dans le cadre plus large des droits de Dieu » ?

La peine de mort est une barbarie. La condamnation à mort d'un citoyen étranger est illégale. L'appel au meurtre – car c'est de cela qu'il s'agit – est un crime. Un Khomeiny qui prétend épurer les mœurs par le sang n'est pas (n'était pas) moins criminel qu'un Staline qui envoyait ses assassins aux quatre coins du monde pour éliminer ses ennemis idéologiques ou personnels : la théocratie à l'ancienne, quand elle est animée d'un esprit conquérant, vaut l'idéocratie moderne, ou totalitarisme. Il est vrai que la puissance de destruction dont disposent ces tyrans n'est pas la même (encore qu'il ne faille pas sous-estimer les ayatollahs) ; mais, comme le remarque Rushdie dans son roman, le fanatisme ne dépend pas de la quantité de pouvoir dont on dispose.

Du côté des amis, on ne trouve qu'un seul argument : le droit à la liberté d'expression. L'atteinte à ce droit représente « le mal absolu » pour François Mitterrand, alors président de la République ; son ministre de la Culture Jack Lang s'empresse d'ajouter : « Il est normal que tout livre ait le droit d'être publié et diffusé. » Les écrivains signataires de diverses pétitions en soutien à Rushdie invoquent encore la liberté d'opinion, le droit à l'expression. Rushdie lui-même, dans la lettre qu'il a adressée à Rajiv Gandhi après l'interdiction du livre en Inde, se réclame du « droit à la libre expression ».

A l'intérieur du livre, cette position se trouve également représentée ; il n'est pourtant pas sûr qu'elle y soit considérée comme la voix de la sagesse. C'est l'écrivain Baal qui l'assume en déclarant : « Je ne reconnais aucune juridiction autre que celle de ma muse » ; ce qui n'empêche pas les dirigeants de la ville de lui couper la tête... La mesure est certainement excessive ; il est vrai cependant que les poètes – quoi qu'en disent Baal ou, sous d'autres cieux, Baudelaire – ne sont pas miraculeusement exonérés de la juridiction commune. Aucune loi ne peut admettre le principe de la liberté sans l'accompagner de celui de la responsabilité : j'ai le droit d'injurier mon voisin, mais il a le droit de me faire condamner pour diffamation (nous jugeons, par exemple, que la *fatwa* de Khomeiny est illégale et nous avons raison de le faire).

Un épisode de l'affaire est venu illustrer cet état des choses, un peu comme l'intervention des négationnistes à Beaubourg : au Salon du livre à Genève, en avril 1989, le livre de Rushdie n'a pas été retiré des étalages, malgré les protestations des Iraniens ; ceux-ci ont alors décidé d'exposer, à leur tour, les *Protocoles des Sages de Sion*, le célèbre faux antisémite. Cependant, la direction du Salon les a contraints à le retirer : les *Protocoles* y sont interdits depuis 1988 ! Il n'est donc pas vrai qu'on ait le droit de diffuser n'importe quel livre.

Dans la même lettre à Gandhi, Rushdie insiste sur la différence entre fiction et histoire : ne doit-on au moins laisser toute liberté à l'imagination ? Sur ce point encore, le roman présentait une position plus nuancée. C'est Billy Battuta, le producteur peu scrupuleux d'un film sur la vie du Prophète, qui y tient ces propos : « La fiction, c'est la fiction ; les faits sont les faits. » Certainement, s'il s'agit d'établir la vérité historique ou d'apporter des preuves devant un tribunal. Pourtant, l'écrivain de fiction est, lui aussi, engagé dans une quête de vérité – même si elle est de nature différente ; Rushdie a bien plus raison lorsqu'il écrit, ailleurs : « C'est à la littérature que j'ai recours pour explorer les points les plus hauts et les plus bas dans la société humaine et dans l'esprit humain. »

La littérature est bien une exploration du monde ; il faut être de mauvaise foi pour prétendre qu'il n'y a rien de commun entre la religion représentée dans *Les Versets sataniques* et l'Islam historique, ou entre le prophète Mahound et Mahomet, ou entre les versets imaginaires et ceux du Coran. De toutes les façons, la distinction fiction-histoire concerne le rapport du texte au monde, alors que c'est l'action du texte sur ses lecteurs qui est en jeu dans le blasphème ou dans la diffamation : les *Protocoles* sont, si l'on veut, de la fiction ; si on les interdit, ce n'est pas parce qu'ils disent faux (c'est le cas de toute fiction) mais parce qu'ils font le mal.

Depuis la publication du livre de Rushdie, des dizaines de

personnes sont mortes, en Inde et au Pakistan, dans des manifestations dirigées contre lui. Tous s'accordent pour regretter ces morts. Aurait-il fallu surseoir à la publication pour les éviter ? La liberté d'expression vaut-elle, en l'occurrence, cinquante vies ? La position de Naguib Mahfouz, l'écrivain égyptien prix Nobel de 1988, me paraît ici digne d'attention. Il commente la *fatwa* en ces termes : « L'instigation au meurtre est un crime et l'imam Khomeiny devrait être puni pour avoir incité les musulmans à tuer Rushdie » ; mais en décembre 1988 il a interrompu, de sa propre initiative, la publication en feuilleton de son roman *Les Fils de la médina*, lequel met en scène Dieu au milieu de la bande des trois prophètes représentés en caïds de quartier… Rushdie aurait-il dû en faire autant ?

La question mérite d'être posée, si l'on veut admettre que l'écrivain doit non seulement jouir de la liberté mais aussi assumer ses responsabilités. La réponse que pour ma part je ferai est négative – depuis que j'ai lu le livre. Car le magnifique roman de Rushdie n'est ni une offense aux pieux ni une incitation à la violence. Il est – entre autres choses – une réinterprétation personnelle de l'histoire de l'Islam, riche de nuances et d'ambiguïtés, qui ne devrait conduire qu'à l'interrogation et à la méditation. S'il y a eu des morts dans les rues d'Islamabad ou de Bombay, ce n'est pas au livre de Rushdie qu'il faut les imputer, mais au fanatisme et à la haine des instigateurs de ces manifestations. S'ils avaient lu le livre, ils n'auraient pas manifesté ; je doute cependant que tel ait été le cas. D'un point de vue impartial, Rushdie a eu mille fois raison de publier son livre. Je ne suis pas sûr, en revanche, que les autorités indiennes et pakistanaises aient eu tort d'interdire (provisoirement) sa diffusion : elles ont probablement empêché ainsi d'autres morts.

Les Versets sataniques

Les Versets sataniques font vivre la confrontation de l'un et du multiple, de la communauté, où la vérité collective est obligatoire pour l'individu, et de la société, où tout un chacun peut chercher la vérité à sa manière, de la religion monolithique et de la littérature infiniment variée, des prophètes et des poètes, du Livre et des livres, des militants armés et de l'homme désarmé. A un moment, Rushdie prend la parole – pour nous dire qu'il refuse de se prononcer ouvertement sur le fond de ce conflit. Telle n'est pas, en effet, l'obligation du romancier, qui représente au lieu d'affirmer. Il serait naïf, toutefois, d'en rester à cette déclaration de neutralité. Par son existence même, ce roman milite en faveur des romans, de la pluralité, du droit de l'individu de s'interroger sur ses traditions. Il n'y a pas à s'étonner, dès lors, qu'un ayatollah en Iran, un cardinal en France, un rabbin en Israël se soient prononcés, avec plus ou moins de véhémence, contre Rushdie. Le prophète dans le livre disait déjà au personnage nommé Salman, qui se permettait de modifier le texte sacré : « Salman, on ne peut pardonner ton blasphème… Dresser tes mots contre les Mots de Dieu ! »

Les Versets sataniques sont aussi un livre sur la nature du bien et du mal. Ceux-ci s'opposent comme l'orthodoxie et l'hérésie, mais aussi comme les deux personnages principaux, Gibreel et Saladin, puisque la tête du premier est entourée d'un halo rappelant l'auréole des saints, alors que le second voit avec inquiétude de petites cornes pousser sur son front et ses pieds se transformer en sabots de bouc. Pourtant, la fin du livre raconte que Gibreel – qui se prend pour un archange – périt, alors que Saladin, l'humble pêcheur si humain, se sauve et s'engage dans une vie nouvelle. Rushdie refuse de croire à une vision manichéenne du monde, où le mal serait une substance entièrement étrangère à la nature humaine (ou divine) ; le monde est constitutivement hétérogène, ou, comme il dit, incompatible : « Des fantômes, des nazis, des saints vivent tous à la même époque. »

Est-ce à dire que bien et mal sont devenus indiscernables, que toute chose est indifféremment angélicodiabolique ou satanicoangélique ? Rushdie semble parfois le suggérer ; d'autres fois, il se reprend : « Il y avait de vrais monstres par le monde – les dictateurs à grande échelle, les violeurs d'enfants. » On a envie d'ajouter : les ayatollahs qui condamnent à mort les écrivains qui leur déplaisent. Non que leur monstruosité soit inhumaine, loin de là ; mais leur culpabilité est beaucoup plus clairement établie que celle, par exemple, de Mrs Thatcher, aimablement désignée dans le livre comme Mrs Torture, qui a veillé à la survie de Rushdie après sa condamnation.

Enfin, *Les Versets sataniques* sont – ils le sont même avant tout – un livre sur l'identité et le changement, la fidélité et la trahison, les cultures particulières et le brassage universel contemporain. La pensée de Rushdie, une fois de plus, ne se présente pas comme une leçon. Les deux protagonistes sont habitués au changement, puisque ce sont deux acteurs, mais ils le pratiquent sur des modes opposés. Gibreel, spécialisé dans l'incarnation des dieux indiens, déjà protéiformes, figure néanmoins la continuité, la fidélité à l'Inde, le mépris de l'étranger ; alors que Saladin, de son nom Chamcha – descendant indirect de Grégoire Samsa, héros de *La Métamorphose* –, l'homme aux mille accents, qui peut contrefaire n'importe quelle voix, y compris celle d'une bouteille de ketchup dans une publicité, a choisi de renier son passé, de mépriser les mœurs indiennes, de vénérer les Anglais et la culture cosmopolite. Faut-il favoriser les métamorphoses selon Ovide, où les formes changent mais où les essences restent toujours les mêmes, ou celles selon Lucrèce, où le changement entraîne la mort de l'ancienne identité ? Saladin semble l'emporter sur Gibreel, Lucrèce sur Ovide, et le début comme la fin du livre proclament : l'ancien doit mourir pour que le nouveau puisse naître. Pourtant, à la mort de Gibreel, Saladin décide de s'installer en Inde et de renouer avec son passé.

Rushdie, lui, doit rester en Angleterre s'il veut survivre, à plus forte raison écrire et publier. Le destin du livre infirme-t-il l'histoire racontée dans le livre ? La réception des *Versets sataniques* illustre un regrettable malentendu : non seulement les ayatollahs prennent Rushdie pour un blasphémateur à la solde de l'impérialisme sioniste, participant au complot occidental contre le tiers-monde, mais Rushdie lui-même a, pendant un moment, voulu « donner une voix et une chair littéraire à la culture immigrée », se projeter comme le porte-parole des ressortissants de l'ancien empire britannique installés aujourd'hui en Angleterre, alors que les immigrés en question se sentent offensés par lui et brûlent son livre en public. Saladin aurait-il été plus « vrai » en restant en Angleterre ?

Le choix est peut-être un peu plus complexe qu'il n'y paraît et moi qui suis un paysan du Danube installé sur les bords de la Seine, je ne me reconnais dans aucune des deux figures qui se font face. Rushdie semble opposer la fidélité à une tradition (serait-elle aussi variée que celle de l'Inde) à l'omnivoracité de Londres, l'éclectisme cosmopolite d'aujourd'hui, cette espèce de « zapping » mental que nous avons appris à pratiquer : à l'intérieur de chacun de nous, il y a « plus de chaînes qu'un patron de câble ou de satellite n'en a jamais rêvé ». Le particulier s'oppose ici non à l'universel mais au mélange de nombreux particuliers, à l'agglutination de fragments, au patchwork bigarré. Or on n'est pas obligé de choisir : ou bien l'unicité, ou bien l'infini ; entre les deux se situe le cas, de plus en plus fréquent, de la participation à deux, voire à trois cultures. De son côté, l'universel existe bien, même s'il n'apparaît pas directement dans le livre de Rushdie ; c'est l'horizon commun de toute recherche de vérité, y compris celle conduite par le moyen du roman. Ce n'est pas un hasard si ce sont les démocraties, du type de celles qui existent en Europe occidentale et en Amérique du Nord, qui assurent aux écrivains le droit de pratiquer librement le roman : politique et littérature ont ici la même conception de la vérité comme horizon du dialogue plutôt que comme certitude dogmatique.

A quoi il faudrait peut-être ajouter que ce n'est pas non plus un hasard si les auteurs des romans qui nous attirent aujourd'hui naissent souvent en Asie ou en Afrique, en Amérique latine ou en Europe de l'Est. Etre un romancier indien vivant à Londres est donc une situation presque idéale... sauf si quelques millions de musulmans souhaitent ardemment votre mort.

9. Culture et vie quotidienne

La société occidentale, je ne saurais jamais assez m'en réjouir, est libre des pires défauts qui caractérisaient le pays totalitaire où j'ai grandi. C'est peut-être la raison pour laquelle j'éprouve, au moins au début, une certaine réticence devant les condamnations sans appel des démocraties libérales.

Or, en France, on aime les cris de Cassandre. Quand quelqu'un nous dit : « Le monde va mal, la culture dépérit, la pensée et l'esprit sont vaincus, les barbares arrivent », nous sommes tous prêts à acquiescer. Nombre de nos contemporains choisissent donc de nous tendre un miroir cruel, pour que nous puissions y contempler notre déchéance. Notre pays n'est-il pas en train de se transformer en banlieue généralisée, où l'espace urbain est remplacé par les centres commerciaux et les galeries marchandes ? Sortis de leur travail, nos contemporains ont le choix, si l'on peut dire, entre les visites abrutissantes des supermarchés et l'affaissement devant l'appareil de télévision, source inépuisable de divertissements. Les anciennes traditions sont perdues, la culture n'a jamais été acquise ; c'est la montée du « quart-monde analphabète des banlieues ouvrières », qui parle peu et, surtout, ne lit pas. L'ex-président des Etats-Unis Richard Nixon s'était joint, peu avant sa mort, à ce chœur de voix funèbres : dans son discours de réception à l'académie des Beaux-Arts, il s'était plaint de vivre dans un « âge de frivolité et de vulgarité », à « un moment où la musique que nous goûtions tous dans notre jeunesse est en passe de se laisser engloutir sous les flots bizarres de bruits que l'on nomme musique ».

A en croire les Cassandre, la cause de la décadence est que nous ne savons plus distinguer entre le bien et le mal, le beau et le laid, l'élévation et l'abrutissement, l'essentiel et le dérisoire ; la faute en est au relativisme des valeurs, régnant aujourd'hui, au renoncement à tout principe conducteur autre que la tolérance ou l'« éloge de la différence ».

L'art dans la vie

Certains jours, j'ai l'impression que ce tableau macabre est malheureusement réaliste. D'autres fois, cependant, j'éprouve un désaccord avec les termes mêmes du débat, tel qu'il est en train de s'engager. Il se peut qu'on écoute aujourd'hui plus de musique classique qu'on ne l'a jamais fait, ou même qu'on lise plus de livres (chacun produit dans ces cas ses propres statistiques) ; là n'est pas, à mon sens, l'essentiel. Pour essayer d'y voir plus clair, je voudrais partir de quelques ouvrages, dont j'admire et respecte les auteurs, mais dont je ne parviens pas à accepter entièrement les thèses : je pense en particulier à *La Défaite de la pensée* d'Alain Finkielkraut et au *Don des morts* de Danielle Sallenave.

Ces deux livres ont contribué, parmi bien d'autres, à établir le sombre diagnostic qui précède ; ils suggèrent aussi un remède, réponse logique aux causes de la maladie, telles qu'ils les identifient. Pour nous en sortir, nous devrions renouer avec la culture, au sens le plus élevé du terme ; nous devrions remettre à la place d'honneur le grand art, la véritable pensée et leur connaissance approfondie. Sallenave écrit par exemple : « C'est dans et par la littérature que la "vie ordinaire" est rachetée, transfigurée », « Il n'est plus possible d'"être au monde" sans le secours des livres ». Le but n'est pas de préférer aux vies ordinaires des vies plus nobles – les livres ne sont pas un luxe réservé à une élite –, mais d'apporter un complément indispensable à toute vie. Certains lieux s'y prêtent mieux que d'autres. « Pour être homme pleinement, il faut naître à la vie de l'esprit ; et la vie de l'esprit ne s'épanouit pleinement que dans les villes. »

Quant aux livres, ils sont nécessaires à un double titre. D'abord, ils nous mettent en relation avec le passé (c'est « le don des morts »), ils nous transmettent en héritage toute l'expérience de l'humanité et en même temps permettent d'inscrire notre petite vie dans la trame de l'histoire mondiale. D'autre part, loin d'être une évasion, ils nous amènent à saisir l'ordre et le projet de la vie, donc à lui découvrir un sens. Les livres de fiction, romans et poésie, sont à cet égard plus efficaces que les autres : pour être compris, le monde vécu doit être doublé d'un monde imaginé.

Je pense aussi qu'il faut combattre l'ignorance et l'inculture, qu'il faut chercher à surmonter le relativisme culturel intégral. Pourtant, si l'on me somme de *choisir* entre Shakespeare et une paire de bottes (la formule, on s'en souvient, provient des *Démons* de Dostoïevski), entre la vie avec la pensée et « l'habitude ancestrale de tremper une tartine grassement beurrée dans le café au lait du matin » (Finkielkraut), je me dis que cette manière de poser la question simplifie par trop le débat. Je suis d'accord pour distinguer et juger ; je ne suis pas sûr pour autant qu'il faille rejeter avec mépris tout ce qui est extérieur à l'art canonique et à la philosophie professionnelle. A procéder ainsi, on ne tire aucun profit de la critique relativiste, telle qu'elle a été pratiquée dans le passé, et qui n'était pas non plus entièrement sans fondement ; on revient simplement au point de départ dogmatique, qui avait justement provoqué, par réaction, la montée du relativisme.

Il faut aller plus loin et interroger les catégories mêmes qui sous-tendent ces affirmations. Dès la première phrase de son livre, Finkielkraut, citant Jean-Luc Godard qui cite Brice Parain, oppose la vie quotidienne à la vie avec la pensée ; dans ses écrits ultérieurs, il met en contraste, se référant cette fois à Heidegger, la pensée calculante et la pensée méditante, ou encore l'intelligence technique et l'intelligence de l'être. Or je me demande si cette opposition, dans laquelle l'étoile de l'art est aux antipodes de la grisaille quotidienne, où l'artiste incompris se bat contre son « public bourgeois » et la métaphore poétique se sépare du langage quotidien (du « reportage universel », disait Mallarmé), n'est pas un héritage romantique, d'utilité douteuse, reçu *via* Heidegger. Je me demande si la véritable alternative ne serait pas, plutôt, entre une conception dans laquelle pensée et vie quotidienne s'opposent et s'excluent et une autre, où elles peuvent s'imprégner et se féconder mutuellement.

L'image idéale de la première conception, j'ai cru la trouver dans la maison que Thomas Jefferson, le futur président des Etats-Unis, s'était fait construire à Monticello, en Virginie. Cette belle demeure conçue par Jefferson lui-même permet d'éviter tout contact entre matière et esprit. Serviteurs et cuisiniers, femmes et enfants ne risquaient jamais de rencontrer les visiteurs mâles du propriétaire, qui pouvaient ainsi discuter à loisir avec lui de politique, d'art ou de philosophie ; même les plats leur étaient servis à table sans que les serviteurs se montrent à leurs regards, grâce à un ingénieux système de placards tournants. A cet idéal aristocratique de séparation entre l'élevé et le bas s'oppose en moi, peut-être à cause de mon éducation initiale dans un pays désespérément plébéien, l'idéal d'une continuité harmonieuse entre matériel et spirituel, entre l'extase et le quotidien.

Dans la tradition romantique, les poètes se sont crus chargés d'une haute mission, car leur pratique avait à leurs yeux des vertus exceptionnelles : ils voyaient dans l'art une connaissance de type supérieur, puisqu'elle renonçait aux voies communes de la raison et empruntait le chemin de l'extase, donnant ainsi accès à une réalité seconde, interdite aux sens et à l'intellect isolés, plus essentielle ou plus profonde que la première. En postulant l'existence de deux réalités, l'une sensible et quelconque (ou « aliénée »), l'autre invisible et parée de toutes les vertus, cette conception s'enracine dans la tradition européenne séculaire du manichéisme, qui condamne le monde ici-bas pour glorifier l'au-delà. La réalité seconde et authentique sacralise par contrecoup l'art, sa voie d'accès royale. Chateaubriand, à l'orée du romantisme, avait bien perçu les conséquences politiques de cette hiérarchisation : « Il est certain qu'on ne peut jouir de toutes les facultés de son esprit que lorsqu'on est débarrassé des soins matériels de la vie ; et l'on n'est totalement débarrassé de ces soins que dans les pays où les arts, les métiers et les occupations domestiques sont abandonnés à des esclaves. »

Les conséquences de cette conception romantique pour notre perception de l'art et du beau sont également lourdes. Fidèle à son inspiration manichéenne, la théorie produit toujours une hiérarchie rigide, une séparation étanche entre le haut et le bas ; le résultat en est une restriction (et une « purification ») progressive du domaine esthétique. Les philosophes modernes, depuis Nietzsche, déduisent l'essence de l'art de quelques œuvres seulement, abandonnant toutes les autres à la médiocrité. Les arts sont habituellement réduits à un seul art (la poésie ou la musique, selon les cas) ; le modèle occidental sert à expliquer les pratiques artistiques du monde entier ; les arts dits « canoniques » font oublier les arts non canoniques. De ce fait ne trouvent plus aucune place dans la théorie – car ils la rendraient impossible – l'art du vêtement ou celui du paysage, la poterie comme la calligraphie, la photographie et l'art de faire des paquets, la cérémonie du thé et l'arrangement floral.

Or le beau déborde les conventions : cette tradition romantique et manichéenne, qui nous demande d'encenser l'art et de mépriser le quotidien, est plus pauvre, à cet égard, que la culture extrême-orientale qui veut trouver la beauté dans les gestes les plus humbles, dans l'emballage d'un paquet, dans l'ameublement d'une pièce, dans l'agencement d'un jardin ou d'un bouquet. Tanizaki prétendait même que « c'est dans la construction des lieux d'aisance que l'architecture japonaise atteint aux sommets du raffinement » *(Eloge de l'ombre)*...

Au-delà de ces diverses pratiques, l'expérience esthétique peut englober ce qui n'a pas été créé avec une intention artistique : les objets utilitaires comme les pratiques religieuses, le geste fonctionnel comme le beau naturel. Il est facile de préférer une œuvre d'art à la tartine du petit déjeuner ; il est plus intéressant de transformer ce petit déjeuner en œuvre d'art. C'est pourquoi, écrit Jean-Marie Schaeffer dans son livre *L'Art de l'âge moderne*, il faut dépasser cette conception romantique et « réinsérer l'art au sens le plus exalté du terme dans le champ plus vaste dont il constitue la forme la plus riche : l'œuvre d'art est un produit de la conduite créatrice humaine, mais elle n'est pas le seul, ni n'est séparée par une cloison étanche des autres ouvrages humains ». Karen Blixen a eu raison de faire, dans *Le Dîner de Babette*, de la préparation d'un repas le symbole de toute création artistique. La « vie » ne s'oppose pas à l'art et aux œuvres, elle est elle-même – dans le meilleur des cas – une œuvre *in statu nascendi*.

La beauté n'apparaît pas seulement, ni toujours, là où on a annoncé qu'elle se trouverait. Les artistes eux-mêmes n'ont pas toujours éprouvé le même mépris que nos critiques pour l'art populaire ; bien au contraire, ils ont cherché à l'assimiler et à l'utiliser à leurs propres fins. Les exemples musicaux seraient ici innombrables, mais il en va de même de la littérature : Dostoïevski exploite la technique du roman-feuilleton d'Eugène Sue et il n'est ni le premier ni le dernier à procéder ainsi. L'art populaire mérite considération non seulement parce qu'il peut servir de point de départ, de matière première au

« grand » art, mais aussi parce qu'il atteint lui-même à la beauté (comme le savait Goethe, amateur de chants serbes). J'aurais volontiers échangé mon Mondrian contre un beau tapis glaoui (quel dommage de ne pas avoir un Mondrian !).

J'en dirais autant des livres. L'éloge qu'en fait Sallenave me convient personnellement : j'ai du mal à concevoir ma vie sans lecture ; je me demande néanmoins s'il n'est pas souvent fondé sur une substitution de l'espèce au genre. Je m'explique : les livres sont, bien entendu, un des lieux privilégiés de la mémoire ; mais il y en a bien d'autres. Je ne crois pas que les traditions transmises directement de génération à génération, de maître à élève, du plus expérimenté au plus novice, soient à ce point rares ; d'innombrables gestes, habitudes, coutumes, manières d'organiser le temps ou l'espace nous viennent, pour parler comme Barrès, des « morts ». De même pour la structuration du monde et celle de notre expérience : c'est la fonction de l'ensemble des systèmes symboliques dont nous nous servons, et non de la seule littérature. « Comment sortir de soi sinon par la fiction, qui me met à la place de l'autre et m'ouvre à la communauté d'une douleur partagée ? » demande et répond Sallenave. C'est pourtant le langage tout entier qui a pour rôle de nous sortir de nous-mêmes et de nous mettre en relation avec autrui. La fiction, à son tour, peut se passer du livre et s'incarner dans le film. La littérature est pensée, certes, mais la philosophie et la science le sont aussi ; à son tour, l'Histoire a un pouvoir d'évocation du passé et du singulier qui peut rivaliser avec le sien. Bref, les romans sont un merveilleux outil de l'esprit ; mais ils ne sont pas le seul.

Œuvres et actions

Les livres nous rendent certainement plus savants. On pourrait plaider qu'ils nous aident à devenir aussi plus intelligents et, d'un autre côté, plus heureux ; admettons-le pour l'instant. Nous rendent-ils meilleurs ? Une telle question nous renvoie à son tour à un problème plus vaste et que d'aucuns jugeraient désuet : en quoi consiste l'excellence humaine ? Poser l'équivalence de « plus cultivés » et « meilleurs » fait problème : n'avons-nous pas tous rencontré des êtres humains qui avaient lu beaucoup de livres, beaucoup de romans même, et qui ne suscitaient pourtant pas notre admiration ? Est-il vrai, comme le voulait Joseph Brodsky, qu'« il devient plus difficile de tirer sur son semblable pour qui a lu Dickens que pour qui ne l'a pas lu » ?

Quand Sallenave écrit : « Ceux à qui les livres ont manqué, il leur manquera toujours la pensée », ou « Le livre est l'autre nom du procès d'humanisation de l'homme », elle peut légitimement se réclamer des Lumières ; mais il faudrait aussitôt rappeler que celles-ci s'incarnent en deux tendances contradictoires et que Sallenave a choisi Voltaire contre Rousseau. Kant, qui avait fait le choix contraire, écrivait (dans un fragment posthume cité par Goldschmidt) : « Je sens la soif de connaître tout entière, le désir entier d'étendre mon savoir, ou encore la satisfaction de tout progrès accompli. Il fut un temps où je croyais que tout cela pouvait constituer l'honneur de l'humanité, et je méprisais le peuple, qui est ignorant de tout. C'est Rousseau qui m'a désabusé. Cette illusoire supériorité s'évanouit, j'apprends à honorer les hommes. » On sait quelle place réservait Rousseau aux arts et aux sciences dans l'évolution de la société ; Kant lui restait fidèle en déclarant que « l'ultime degré » où doit parvenir le genre humain, après s'être « cultivé » et « civilisé » autant que faire se peut, c'est d'être « moralisé ».

Pourquoi parler ici de morale ? Parce que l'être humain est constitutivement social et que l'humanité même de l'individu provient de la pluralité des hommes. « L'homme ne devient homme que parmi les hommes », dit fortement Fichte, un disciple de Rousseau et Kant. L'interhumain fonde l'humain, or la morale (à laquelle, si l'on accepte de quitter un instant nos philosophes des Lumières, il faut adjoindre l'amour, qui est le dépassement de la morale) désigne l'excellence en matière de relations humaines. C'est pour cette raison que ni la culture ni la lecture ne suffisent à produire un être bon : n'oublions pas que Néron avait eu pour précepteur Sénèque et que Mao connaissait bien ses classiques.

Les relations humaines ne semblent pas trouver de place dans le monde idéal dépeint par Sallenave, monde peuplé d'une foule de solitaires. Evoquant la vie ordinaire dépossédée d'Olga, une grand-mère, Sallenave constate l'absence d'œuvres et conclut : « De son travail il ne reste rien. » Les enfants, dans cette optique, relèvent du « spectacle animal » et leur vie est une simple alternance de hurlements et de sommeil ; les parents, eux, sont invariablement excédés, alors même que c'est là l'unique transcendance dont ils disposent. Or, pour parler comme Hannah Arendt, dont l'anthropologie semble avoir fourni ici les catégories du travail et de l'œuvre, au-dessus de celles-ci, au sommet de l'activité humaine, il y a l'action. Une vie sans actions – et non une vie sans œuvres – n'est plus une vie humaine, « parce qu'elle n'est plus vécue parmi les hommes ». Les êtres au-dessus des livres, telle était aussi la leçon de David Rousset. Des livres alignés sur l'étagère d'une bibliothèque ne sont pas les seules traces imaginables d'une existence humaine. Le travail d'Olga était sa façon de se soucier des autres et de les aimer ; cela n'est pas rien. Ma mère était une Olga : aucune œuvre, une infinité d'amour ; je ne trouve pas que sa vie ait été vaine.

Il faudrait, bien sûr, s'entendre sur le sens de l'expression. La « vie quotidienne » peut aussi être déprimante ou même atroce : les camps totalitaires ont la leur, et la misère commune, même si elle ne produit pas le même degré de déchéance, rend le quotidien peu désirable. Qu'y aurait-il de beau dans la répétition mécanique des mêmes gestes, destinés à assurer notre survie ou celle de nos proches ? Ce n'est pas à cela que je pense en faisant l'éloge du quotidien, mais seulement au besoin d'accepter la vie dans toute sa richesse. Concrètement, le manichéen privilégie le spirituel au détriment du matériel et incite à valoriser l'Homme de préférence aux hommes, il chérit les abstractions plutôt que les relations particulières entre individus. L'exemple peut-être le plus parlant de ces choix manichéens, car il s'agit en réalité de plus que d'un exemple, est le refus d'élever les enfants ou d'accorder à cette action une quelconque valeur. Qui dit « élever les enfants » dit aussi, en effet : ne jamais oublier le matériel (la nourriture, la température, l'hygiène), ni l'individu particulier qu'on a en face de soi (inutile de lui adresser un discours abstrait sur l'enfance).

Le contraire du manichéisme ne consiste pas à faire l'éloge du corps contre celui de l'esprit, ou de l'échange social concret plutôt que de l'abstraction ; mais de refuser leur isolement et l'exclusion de l'un au nom de l'autre. Non les aristocrates (de l'esprit) d'un côté, les esclaves (de la chair) de l'autre ; mais, pour tous, la possibilité d'une vie de l'esprit nourrie par le contact avec la matière et l'interaction avec les autres. Hugo, qui était pourtant un romantique, s'adressait ainsi à Dieu :

J'eusse aimé mieux, loin de ta face,
Suivre, heureux, un étroit chemin,
Et n'être qu'un homme qui passe,
Tenant son enfant par la main.

Julien Benda, que cite souvent Finkielkraut (*La Défaite de la pensée* est une suite à *La Trahison des clercs*), pensait que les malheurs de notre culture viennent de ce que les philosophes « ne vivent plus du tout comme Descartes et Spinoza, mais sont mariés, ont des enfants, occupent des postes, sont dans la vie ». Tout était-il vraiment parfait dans la philosophie du passé ? Une meilleure connaissance de la vie quotidienne, un peu de va-et-vient entre les activités matérielles et la pensée n'auraient-ils pu contribuer à améliorer la philosophie elle-même ? Une vie qui n'aboutit pas à la production d'un livre ou d'une œuvre d'art est-elle pour autant sans pensée (ou dotée de la seule « pensée calculante ») ? N'est-ce pas faire bon marché de tout ce qui est acte adressé à autrui ?

La déshumanisation moderne

J'éprouve souvent, moi aussi, un sentiment d'insatisfaction devant la vie qui m'entoure et à laquelle je participe, je n'aime pas davantage les monotones banlieues verticales et je plains ceux qui ne connaissent pas la vie de l'esprit. Je formulerai toutefois mon accablement un peu différemment.

La démocratie est belle quand elle affronte ses ennemis : la contre-révolution, les totalitarismes nazi et communiste, les intégrismes religieux. Laissée à elle-même, elle est envahie par ses propres perversions, conséquences infernales de ses meilleures intentions – et, pour cette raison même, plus difficiles à combattre. Le dénominateur commun de ces perversions c'est, me semble-t-il, notre tendance commune à transformer les moyens en fins.

On pourrait donner, de cette tendance, les exemples les plus divers. Le travail physique harassant a été progressivement remplacé par l'action des machines. Libéré des contraintes matérielles humiliantes, chacun se sent confirmé dans sa dignité d'être humain à part entière. Pourtant, poussée à l'extrême, cette même logique s'autodétruit. Pour partir de détails volontairement anecdotiques : grâce à l'automatisation, les parkings des villes n'ont plus de gardiens ; résultat, à minuit les consommateurs secouent désespérément des machines qui refusent de rendre la monnaie et, d'un autre côté, les anciens gardiens s'inscrivent au chômage, où ils perdent non seulement une bonne partie de leurs revenus mais aussi, justement, leur dignité.

Le droit au repos hebdomadaire et annuel est une remarquable conquête de la démocratie moderne. Si les loisirs deviennent le but de la vie, cependant, rien ne va plus. Puisqu'il faut les meubler, on produit de plus en plus de spectacles et divertissements ; pour ce faire, on traite la réalité comme si elle était de la fiction, on efface la frontière entre réel et virtuel : il le faut si l'on veut que cette réalité puisse être vendue et consommée. Le sang de la victime sèche moins vite que l'encre en bas du contrat d'exclusivité qui lie le meurtrier à une chaîne de télévision, à une maison d'édition. D'autre part, croyant obéir à un prétendu principe de plaisir, nous consommons l'un après l'autre les délices prescrits ; mais l'accumulation de divertissements n'apporte pas la satisfaction escomptée. Au-delà du repos, nous avons besoin qu'on ait besoin de nous.

Le confort comme le repos font partie de ces biens dont l'absence nous peine mais dont la présence n'apporte pas le bonheur. N'est-ce pas le lot de tous les désirs humains ? Non. Le but du désir, disait Fairbairn en critiquant Freud, n'est pas le plaisir mais la relation. La tare de l'hédonisme n'est pas d'être immoral mais d'être faux. Les briques dont est bâtie l'existence humaine sont les rapports avec les autres hommes. L'amour, l'affection, l'amitié, l'estime obtenue et accordée, une fois présents, ne cessent pas de nous rendre heureux. Les objets qui nous entourent sont moyens ou cache-misère, le but est dans les autres sujets que nous côtoyons au cours de notre existence et dans les gratifications qu'ils nous accordent.

Une autre forme de la suprématie imméritée des moyens provient d'un des traits les plus attirants de la démocratie : sa foi dans les Lumières. Le sujet humain peut devenir autonome en apprenant et en s'éduquant, le savoir est libérateur. Or voici que surgit un cas de figure imprévu : la surabondance d'information. Si je m'abonne au courrier électronique, des centaines de pages s'ajouteront quotidiennement dans mon ordinateur à sa « mémoire » (la mal-nommée, car ignorant la sélection) : quand pourrai-je les lire ? Dois-je me réjouir si le journal passe de vingt à quatre-vingts pages ? A l'âge des « autoroutes », le problème n'est pas d'obtenir plus d'information, mais d'en retenir moins : de choisir. Une information infinie égale une information nulle.

La sensibilisation aux problèmes du monde entier, caractéristique des personnes habitant les Etats démocratiques, et dont on pourrait s'enorgueillir dans un premier temps, ne pose pas moins de problèmes. Grâce à la rapidité des communications, nous pouvons être immédiatement mis au courant de tout ; la télévision nous montre des images venues de tous les pays de la terre. En devenons-nous des citoyens du monde ? Les seules vraies nouvelles étant les mauvaises nouvelles, nous apprenons quotidiennement les massacres et calamités qui se produisent aux quatre coins de la planète. Le téléspectateur est écrasé par l'ampleur de la tâche et se recroqueville un peu plus sur lui-même : en nous montrant tout, on nous immunise contre tout.

En un mot, la « misère de vivre » moderne me semble provenir moins de l'absence de livres que de la perte de la sensation même de vie, effet de la déshumanisation des êtres. Le modèle instrumental envahit les relations humaines et le souci d'efficacité l'emporte sur la joie éprouvée face aux personnes singulières. Le conformisme social, la monotonie des images diffusées par les médias nous privent de notre liberté et donc de notre identité même. Nous alternons les gestes fonctionnels et les moments d'évasion ou de loisirs ; or l'étonnement devant autrui et la jouissance d'exister sont aussi absents ici que là. Etres sociaux, nous vivons mal notre sociabilité : là est, pour moi, la source du malaise qui nous envahit. A cet égard, la communauté traditionnelle assure à ses membres un plus fort sentiment d'exister.

A qui la faute ? A tout un chacun, bien sûr ; il est trop commode de se réfugier dans le rôle de la pure victime. Les responsabilités augmentent pourtant au fur et à mesure qu'on participe davantage de l'autorité publique et qu'on dispose de plus de pouvoir : opportunités et devoirs croissent de concert. La responsabilité la plus grande incombe à nos élites, politiques et économiques, mais aussi intellectuelles ou médiatiques. Il n'est pas indifférent de savoir si la société est pensée à la manière d'un mécanisme destiné à assurer la plus grande rentabilité ou comme un réseau d'individus qui aspirent à la reconnaissance de leur existence plus encore qu'à l'augmentation de leur pouvoir d'achat. Ni l'ouvrier ni le fonctionnaire ni le commerçant ne se rendent au travail uniquement pour avoir des revenus, mais aussi parce que leur travail les confirme en tant qu'êtres sociaux, donc humains ; ils y acquièrent le respect des autres et de soi-même, sans lequel divertissements et loisirs sont de peu de valeur. L'efficacité économique est moyen, non but ; la communication entre les êtres est une fin, et non seulement un moyen. Il faut donc lutter contre les représentations fallacieuses du monde social : elles sont, indirectement, responsables de ses impasses.

Et la culture, là-dedans ? On sait que le mot a aujourd'hui deux acceptions, l'une anthropologique et l'autre pédagogique, la culture comme tradition et la culture comme formation *(Bildung)*. A certains égards, ces deux sens non seulement diffèrent mais s'opposent : la formation est un arrachement par rapport à la tradition. D'un autre point de vue, cependant, on peut relever les points communs qui justifient l'usage du même mot dans les deux cas. La culture est alors un moyen d'organiser le monde, de le rendre intelligible, et elle nous permet d'entrer en interaction avec lui et avec les autres hommes. Culture populaire et culture savante y contribuent toutes les deux ; l'être humain n'est ni une copie conforme de la tradition, comme le voudraient les conservateurs, ni une *tabula rasa*, une feuille blanche sur laquelle on peut inscrire n'importe quelle formule, comme le prétendaient certains révolutionnaires ou avant-gardistes. L'éducation scolaire même transcende l'antinomie entre les deux sens de la culture : elle nous familiarise avec une tradition et en même temps nous donne les moyens pour, le cas échéant, nous en affranchir.

Le problème, c'est vrai, est qu'une marge importante de nos sociétés opulentes reste rétive aux deux formes de culture : elle a perdu la tradition sans acquérir la formation. Je reviens à mon point de départ : la déculturation est un véritable danger. Sans l'aide de la culture, le monde perd son sens, voire son existence. Il ne faut pas oublier toutefois que ce noyau commun des deux « cultures » est ce que Marcel Conche appelle la « culture essentielle », une « possession et maîtrise du langage commun », qui permet de comprendre le monde et de s'adresser à autrui, plutôt que les « cultures particulières » qui peuvent se greffer là-dessus et qui s'appellent littérature, art ou philosophie.

Les œuvres de l'esprit ne forment qu'une partie de la culture ; elles sont en même temps autre chose qu'elle et plus qu'elle. Incarnation de la beauté, elles rendent le monde meilleur et, recherche de vérité, elles nous permettent de mieux le connaître ; on ne pourrait en dire autant de toute « pratique culturelle ». Elles contribuent donc aussi à nous rendre meilleurs et là réside, pourrait-on dire, la fonction sociale de l'écrivain ; mais elles ne le font pas toujours et d'autres actions humaines conduisent au même but. On peut aimer passionnément la littérature, sans pour autant croire qu'hors des livres il n'y a point de salut.

TROISIÈME PARTIE

Visiteur aux Etats-Unis

10. La critique littéraire

Mon accent en anglais est un mixte d'accent bulgare (ou « d'Europe de l'Est ») et d'accent français. Je pense qu'il en va de même de ma perception des Etats-Unis. Le « dépaysement » que j'y éprouve est plutôt celui d'un Français que d'un Bulgare : j'avais déjà vécu plusieurs années en France avant de m'y rendre pour la première fois. Ma formation professionnelle, en études littéraires, doit aussi beaucoup au contexte français, même si j'avais terminé mes études supérieures à l'université de Sofia. Ma sensibilité politique et morale reste pourtant marquée par mon expérience bulgare. Ces ingrédients se mêlent de manière inextricable dans l'exercice de ma profession.

Quand un étranger, en visite en France, vient me demander : « Que devient aujourd'hui la critique littéraire française ? », je me sens un peu sot et je reste muet, ou alors je change de sujet : je m'embrouille dans les « tendances », ne connaissant que les individus qui suivent des chemins sans rapport évident les uns avec les autres. C'est tout le contraire aux Etats-Unis, où pourtant je ne me rends que quelques semaines par an : j'ai l'impression d'y observer un tableau cohérent et je n'aurais aucun mal à répondre à la même question. Le secret de cette différence réside évidemment dans ma propre position : n'étant pas participant mais visiteur, je profite aux Etats-Unis du privilège que Montesquieu attribuait aux Persans à Paris (privilège qui a aussi, on le sait, son envers : le manque de connaissances approfondies et nuancées, d'intuitions infaillibles). L'état d'esprit des milieux universitaires américains, tel que j'ai pu l'observer, est cependant très mobile ; il a déjà changé radicalement à trois ou quatre reprises depuis l'époque où je suis entré en contact avec lui pour la première fois, voici une trentaine d'années. Je dois donc dater mes observations ; mon premier tableau correspondra au milieu des années quatre-vingt.

Post-structuralisme

Pour mieux formuler mes impressions, je dois partir d'une image de la critique antérieure. Jusqu'à, disons pour simplifier, 1968, la majorité des critiques américains semblaient préoccupés par une grande question : « Que signifie ce texte ? » Face à une œuvre qu'ils avaient à commenter, ils considéraient – et cela était leur trait commun – que la tâche la plus importante était de découvrir aussi exactement que possible ce que le texte voulait dire. Les désaccords commençaient aussitôt après, puisqu'il fallait choisir tel ou tel moyen, telle ou telle voie susceptible de nous conduire vers la réponse. Devait-on privilégier les événements historiques contemporains au livre ou bien les propriétés de son style ? les motivations de son auteur ou les règles de son genre ? Seuls échappaient au consensus initial certains critiques qu'on pouvait dire moralistes (ils étaient du reste journalistes plutôt qu'universitaires) : ces auteurs poursuivaient à travers leurs écrits un but qui leur était propre et se servaient des œuvres du passé sans trop se préoccuper de savoir si ce qu'ils en disaient était vrai ou faux.

Le « structuralisme », dernier arrivé sur cette scène, n'en avait pas modifié fondamentalement les données. Que ce soit sous la forme pratiquée par Northrop Frye ou sous celle qui est apparue comme un héritage des Formalistes russes, l'analyse structurale voulait, comme les approches qui l'avaient précédée, contribuer à répondre à la même question ; pour ce faire, elle attirait pour sa part l'attention vers la construction interne des œuvres (ce qui avait pour corrélat de laisser dans l'ombre leurs autres aspects – mais, en cela non plus, le structuralisme n'était guère original).

C'est sur cette toile de fond qu'est apparue la nouvelle tendance de la critique américaine, que j'évoquais au début. Cette tendance s'est appelée « post-structuralisme », nom qui me paraît plutôt malheureux : il implique à la fois une continuité (sinon il ne voudrait rien dire) et un dépassement (comme si ce qui suivait était toujours préférable à ce qui avait précédé), alors qu'en réalité la discontinuité était bien présente. Cette tendance critique s'est développée sous deux formes principales (et un nombre considérable de sous-variantes et de formes de transition…), qui avaient en commun de rendre la question antérieure – « Que signifie ce texte ? » – tout à fait inintéressante. On identifie la première de ces deux variantes, plus dogmatique et plus élaborée, par le nom de « déconstruction » ; on pourrait dire en simplifiant qu'elle rend vaine la question de la signification en lui donnant invariablement pour réponse : « Rien. » La seconde sous-espèce, plus joyeuse mais plus naïve aussi, parfois appelée « pragmatisme » par ses tenants, vide la question de tout sens en répondant : « N'importe quoi. » A la suite de l'une ou l'autre des réponses, on renonce, évidemment, à se reposer la question ; on préfère passer à autre chose.

La déconstruction semble se caractériser par trois thèses corrélées : 1) On ne peut jamais accéder au monde, seul existe le discours, qui ne renvoie jamais qu'à d'autres discours. Les déclarations de principe abondent ici. « Il n'y a pas de hors-texte », « Je ne crois pas que quelque chose comme la perception existe » (Derrida), le texte « nous libère de l'objet empirique » (Jameson), le texte produit « une structure de renvois infinis dans laquelle il n'y a que des traces » (Culler). La littérature apparaît alors comme une incessante nomination et renomination du vide. 2) Il ne faut pas croire pour autant que le discours soit mieux loti que le monde : celui-ci est absent, mais celui-là est nécessairement incohérent. Le commentaire du déconstructionniste consiste toujours à montrer que le texte étudié se contredit intérieurement, que ses intentions ne sont pas soutenues par sa réalité. On trouve « un obstacle insurmontable sur la voie de toute lecture, de toute compréhension » (de Man). 3) Aucun discours n'étant exempt de ces contradictions, aucune raison ne nous oblige à en préférer un au détriment des autres, ni à choisir telle valeur plutôt que telle autre. De fait, dans la perspective de la déconstruction, tout comportement orienté par les valeurs (critique, combat contre l'injustice, aspirations à un monde meilleur) devient dérisoire.

Il y aurait beaucoup à dire sur ce programme théorique, et ses critiques attentifs à l'intérieur même de l'université américaine, tels M. H. Abrams ou Edward Saïd ou John Searle, Eugene Goodheart ou Robert Scholes, ne s'en sont pas privés. L'idée de l'incohérence des textes frappe d'abord par son dogmatisme : elle les concerne tous également, sans faire la différence entre littérature, discours théoriques (philosophie, droit, morale, politique) et discours empiriques (les sciences) ; tout devient ici « littérature ». On peut aussi se demander si cette idée ne pêche pas par prétention : se contredire est, certes, humain, mais est-il vraisemblable que ces contradictions aient échappé à des penseurs de la taille de Platon, Rousseau ou Kant, alors qu'elles seraient immédiatement visibles à l'œil du premier déconstructionniste venu ? Lorsqu'un exégète scrupuleux se met à « penser avec » Rousseau (comme c'est le cas, en France, de Goldschmidt ou de Philonenko), bien des incohérences de surface disparaissent et la part de l'« impensé » fond à vue d'œil.

La thèse du monde inaccessible est également forcée. C'est un lieu commun de l'épistémologie, depuis Kant, que de reconnaître le caractère construit de la connaissance, de ne pas croire en une perception parfaitement neutre et transparente des objets. On peut donc critiquer les empiristes ou les positivistes. De là à refuser tout contenu à la perception, il y a un pas qu'on devrait méditer avant de le franchir. Comme le dit Scholes, il est un peu excessif d'affirmer que « les systèmes de signes influencent la perception, mais le monde ne le fait pas ». Le discours de connaissance a bien affaire au monde et non seulement à lui-même. Scholes conclut justement : « Du point de vue de la déconstruction, on ne peut fonder un argument pour la biologie évolutionniste comme opposée à la création biblique, puisqu'elles sont toutes deux des discours, avec leurs cécités et leurs vues justes. » La littérature elle-même ne se réfère pas directement aux objets particuliers, certes, mais elle n'est pas pour autant privée de toute dimension de vérité : si nous continuons à lire Shakespeare aujourd'hui, c'est bien parce que nous avons l'impression (même si nous ne savons pas la justifier) qu'il nous permet de mieux comprendre la « condition humaine », ou quelque chose de ce genre.

Le renoncement au jugement et aux valeurs conduit aussi à des apories insurmontables. Pour se faciliter la tâche, les déconstructionnistes semblent avoir assimilé toutes les valeurs aux valeurs religieuses, refusant ainsi la distinction entre foi et raison, et ils traitent la raison comme un avatar, ni plus ni moins, de Dieu, effaçant ainsi d'un trait de plume plusieurs siècles de combat. Ou bien ils confondent tout sous un autre mot passe-partout, « pouvoir », qui ne permet plus de faire la différence entre répression policière et exercice de la raison, entre violence et loi. A la suite de quoi l'on peut se réfugier, sans aucune mauvaise conscience, dans une acceptation quiétiste de l'ordre existant.

La déconstruction est un « scepticisme dogmatique » (Goodheart), qui réunit les inconvénients des deux excès. C'est un scepticisme (au sens commun et non philosophique du terme) dans la mesure où elle considère comme impossibles la connaissance et le jugement, la vérité et la justice. Mais c'est aussi un dogmatisme, parce qu'elle décide d'avance de ce que dit chaque texte : à savoir, « rien ». Les exégèses déconstructives sont extrêmement monotones, puisque le résultat est « toujours déjà » connu et que seuls varient les moyens mis en œuvre pour y aboutir. La déconstruction, dit un de ses praticiens, plus lucide ou plus naïf que les autres, « est la démonstration de ce que le texte s'est déjà démantelé lui-même » et chaque lecture « atteint, de la manière particulière permise par le texte en question, le même moment d'aporie » (Hillis Miller).

Saint Augustin, théoricien d'un autre dogmatisme herméneutique, disait : peu importe le chemin suivi par le lecteur, son interprétation est bonne pourvu qu'elle atteigne en fin de parcours le règne de la charité, le dogme chrétien. Le but ici est différent, mais la stratégie reste la même : « Quel que soit le chemin suivi par le lecteur à travers le poème, il arrive à une contradiction flagrante » (Hillis Miller). C'est cet aspect dogmatique qui explique sans doute l'extraordinaire succès de la déconstruction dans l'institution universitaire : il suffit d'en appliquer la recette sur une matière nouvelle et on obtient une exégèse « originale ».

Pragmatisme

L'autre variante du post-structuralisme, le pragmatisme (dont le représentant le plus en vue est Stanley Fish), ne souffre pas de la même monotonie dans les résultats. Sa principale thèse serait la suivante : un texte ne veut rien dire en lui-même, c'est le lecteur qui lui donne son sens. Deux propositions se combinent ici. La première, négative (Fish : « Il n'y a pas de significations déterminées et la stabilité du texte est une illusion »), apparente les pragmatistes aux déconstructionnistes, sauf qu'ils n'utilisent pas les mêmes arguments : les uns affirment que les discours sont incohérents, les autres que les mots n'ont pas de sens ; les uns portent leur « soupçon » sur les molécules du langage, les autres sur ses atomes. La seconde proposition est positive : le lecteur (et donc le critique) peut bien proposer, voire imposer un sens déterminé et stable. « Les interprètes ne décodent pas les poèmes, ils les font » *(ibid.)*. Le texte n'est plus alors qu'un test (à la Rorschach), devant lequel les lecteurs ont le droit de choisir, tels les personnages de Pirandello : à chacun son sens. Bien entendu, dans ce contexte, « la notion d'erreur, en tous les cas comme quelque chose à éviter, disparaît » *(ibid.)*.

Quelles sont les conséquences de ce choix pour l'œuvre critique même ? « Cela me libère de l'obligation d'avoir raison et n'exige de moi que d'être intéressant » *(ibid.)*. Nous sommes loin ici de la monotonie déconstructive : le champ est grand ouvert à l'imagination créatrice. Dans un deuxième temps, Fish semble avoir tempéré son relativisme cognitif par un historicisme, en affirmant que ce n'est pas le lecteur individuel qui décide du sens du poème, mais le groupe auquel il appartient : « Ce sont les communautés interprétatives – plutôt que le texte ou le lecteur – qui produisent les significations. »

La partie négative de la thèse initiale est à la fois empiriquement fausse et logiquement contradictoire. Elle est fausse car elle ignore le caractère social du langage : ni les individus ni les groupes de pression ne sont en état de changer le sens des mots. Tout usage idiosyncratique, la métaphore la plus audacieuse, l'allusion la plus obscure présupposent un état de langue commun et c'est précisément ce que recensent les dictionnaires (on se demande, sinon, ce qu'on pourrait y trouver). La thèse est aussi intérieurement contradictoire, car elle implique que nous la comprenions, ce qu'elle nie explicitement. Du coup, sa partie positive apparaît comme hyperbolique : certes, le lecteur lit nécessairement d'une certaine manière, aucune lecture n'est transparente, mais cela ne veut pas dire qu'il produit la totalité du sens (on revient ici au problème de la perception).

L'exigence d'écrire de manière intéressante plutôt que juste ne choque – lorsqu'elle le fait – qu'à cause du champ auquel elle s'applique. Personne, en effet, ne s'en scandaliserait si elle concernait la littérature elle-même, encore qu'on puisse considérer qu'une telle conception, qui élèverait le roman policier au sommet de sa hiérarchie, ne lui rend pas pleinement justice. C'est l'ambition empirique de la critique littéraire et en fait de toute histoire qui se trouve par là mise en question. S'agissant de critique, la formule passe facilement. Oserait-on exiger de l'historien qu'il abandonne tout souci de vérité et ne se préoccupe que du seul intérêt suscité par ses écrits ? Accepterait-on que l'intérêt soit le seul guide du discours du juge ou même du politicien ? Personne cependant ne s'offusque d'une opinion frivole tant qu'elle concerne la seule littérature, ce parc de distractions.

La conception initiale de Fish transforme toute lecture en une sorte de pique-nique, pour reprendre l'image de Lichtenberg à propos des œuvres de Jacob Boehme : l'auteur apporte les mots, et le lecteur le sens. Sa conception modifiée nous fait plutôt passer du côté de Humpty-Dumpty : c'est le maître qui choisit le sens des mots. Le monde orwellien de *1984* revient également en mémoire : c'est cette « communauté interprétative » qu'est le Parti qui y décide du sens et de la nature des événements passés, en réécrivant constamment l'Histoire. O'Brien, le fonctionnaire du Parti, a ces paroles révélatrices : « Vous croyez que la réalité est quelque chose d'objectif, d'extérieur, qui existe en lui-même… Mais je vous dis, Winston, que la réalité n'est pas extérieure. La réalité n'existe que dans l'esprit humain, nulle part ailleurs. »

Cet ébranlement de l'idée de vérité paraît à Orwell plus dangereux que les autres atrocités totalitaires. Or il est apparenté aux prémisses des post-structuralistes qui, de leur côté, ne reconnaissent que des vérités partielles – historiques et subjectives –, dictées par le jeu des intérêts et des pouvoirs. Si j'affirme que tous les témoignages historiques sont visiblement biaisés et que d'autre part la physique moderne nous a appris à ne pas nous fier au témoignage de nos sens (seuls les imbéciles croient à la réalité du monde !), rien ne peut plus m'empêcher de conclure qu'aucune différence de nature ne sépare les infléchissements inévitables de toute perception et les grands mensonges politiques ; que je n'ai pas à m'indigner particulièrement d'un Etat qui a érigé cette absence de vérité objective en principe incontestable.

Dire qu'il n'y a aucune différence entre faits et interprétations (c'est-à-dire que « tout est interprétation »), c'est en effet voir en la force (« la carotte ou le bâton ») le seul moyen d'imposer ses vues. Il y a longtemps déjà, Raymond Aron avait mis en garde contre cette confusion : « Sans doute peut-on soutenir, en rigueur philosophique, qu'il n'y a pas de fait historique qui ne soit construit et ne comporte, par conséquent, sélection et interprétation. Dans la pratique, les distinctions [faits *vs* interprétations] gardent leur portée. Il est vrai ou il est faux que Trotski a pris une part considérable à l'organisation de l'armée Rouge, il est vrai ou il est faux que Zinoviev ou Boukharine ont comploté l'assassinat de Staline. [...] Tout Etat totalitaire pousse jusqu'à l'absurde la solidarité entre le fait et l'interprétation. » C'est sans doute aussi la raison pour laquelle je me refuse de l'admettre, serait-ce dans la méthodologie de la critique littéraire.

A-t-on raison de réunir sous un vocable commun (« poststructuralisme ») ces deux tendances critiques, malgré leurs divergences théoriques et rhétoriques ? Je pense que oui. Leur fondement commun est la philosophie nietzschéenne. Elles ont les mêmes adversaires : d'un côté les valeurs universelles, la justice, l'éthique ; de l'autre, la vérité, la connaissance, la science. Elles ont aussi les mêmes affinités : témoin l'éloge plus ou moins assumé de la force, ou l'affirmation que le conflit est la vérité de la vie, affirmation qui les rapproche d'autres nietzschéens militants, comme Harold Bloom ; ou encore la proximité avec l'idéalisme subjectif (le monde n'existe pas en lui-même, mais seulement dans ma perception).

Survivances marxistes

De quoi pourraient se réclamer, face à cette école critique, ceux qui continuent de croire que les œuvres ont un rapport avec le monde et qu'il existe des valeurs meilleures que d'autres, qui mériteraient qu'on combatte pour elles ? Curieusement, le seul mouvement d'idées dans la critique américaine qui se réclame de cette autre position semble être le marxisme ; de sorte que le choix se formulerait en ces termes : si l'on ne veut pas être post-structuraliste, il faut se faire marxiste. Certaines coïncidences, cependant, pourraient nous faire douter de la radicalité de cette opposition. Ainsi l'idée d'une « communauté interprétative » qui contrôlerait le sens et son interprétation n'est pas étrangère à la doctrine marxiste : celle-ci n'affirme-t-elle pas en effet que tout dépend de la classe à laquelle on appartient ?

La critique marxiste reconnaît la pertinence de certaines valeurs, mais pas de n'importe lesquelles. Celles qui se présentent comme universelles, inter-classes, si l'on peut dire, suscitent en particulier son animosité. Le procédé rhétorique le plus communément utilisé pour les dénigrer consiste à pratiquer à la fois une abstraction (la liberté, c'est le libéralisme ; les droits de l'individu, l'individualisme) et une particularisation tendancieuse (le libéralisme, c'est le droit de licencier les ouvriers quand bon vous semble ; l'individualisme, la possibilité d'envoyer ses enfants dans des écoles chic). C'est ainsi que « libéralisme », « individualisme » ou « humanisme » peuvent devenir des injures. Toute tentative pour s'élever au-dessus de sa condition particulière est ramenée à des motivations triviales : l'humanisme n'est plus alors qu'une « idéologie morale de banlieusards aisés » (Terry Eagleton : critique littéraire anglais et non américain, il est vrai, mais dont le discours est bien représentatif de ce qui s'entend sur les campus). Le marxisme refuse de reconnaître l'autonomie de la morale par rapport à la politique : pour lui, la politique est une morale responsable, prise au sérieux. Ce faisant, il ravale à la défense des intérêts d'un groupe toute aspiration aux valeurs : il décrète bon ce qui contribue à la « transformation socialiste de la société » *(ibid.)*, quelles que soient là-dessus les opinions des membres de cette société. A la place du droit et de la justice, il célèbre les forces de l'Histoire.

Aux tendances universalistes de la philosophie, le marxisme oppose les déterminations sociales et historiques ; la place de l'éthique commune est prise par la politique des intérêts particuliers. La critique marxiste reconnaît donc le rapport des œuvres au monde et aux valeurs, mais refuse l'universalité : elle veut que vérité et justice soient fondées dans l'Histoire. On voit alors pourquoi l'opposition marxiste au post-structuralisme n'est pas si radicale que cela ; par-delà leurs conflits de détail, les deux combattent un ennemi commun dont le nom est l'humanisme, c'est-à-dire, en l'occurrence, la tentative pour fonder la connaissance et l'éthique dans l'universalité. Si les tentatives d'hybridation entre ces deux tendances apparemment ennemies foisonnent dans les départements de littérature, cela ne s'explique pas seulement par le désir superficiel d'être à la pointe de l'avant-garde, mais aussi par des affinités profondes. Faisons un test : savez-vous qui a dit que « l'idée de justice en elle-même est une idée qui a été inventée et mise en œuvre dans les différentes sociétés comme un instrument d'un certain pouvoir politique et économique, ou bien comme une arme contre ce pouvoir » ? Eh bien, non, ce n'est pas Terry Eagleton (marxiste), c'est Michel Foucault (nietzschéen).

Humanisme critique

La critique américaine est donc dominée par ce qu'il faut bien appeler par son nom : l'antihumanisme. Le mot peut avoir des résonances désagréables et on me rétorquera que ses partisans ne ressemblent pas, la plupart du temps, à des ogres sanguinaires. J'en conviens ; du reste, même les marxistes prennent de nos jours la précaution de se dissocier des anciens pays du « socialisme réel » et des camps de concentration staliniens. Je persiste à croire, cependant, qu'on ne peut, sans incohérence, défendre les droits de l'homme d'une main et déconstruire l'idée de l'homme de l'autre.

L'« affaire Paul de Man » est venue jeter une singulière lumière sur la relation entre déconstruction et choix politiques. On sait que ce critique américain d'origine belge était devenu, dans les années soixante-dix, le chef de file de l'école critique en question. Or après sa mort, en 1984, on s'est aperçu qu'en 1941-1942 le jeune de Man écrivait, dans la presse flamande de son pays, des articles de tendance pronazie sur la littérature. Cette découverte a été diversement interprétée. Pour ce qui me concerne, je m'abstiendrai, d'abord, d'accabler le jeune homme d'antan : il n'était pas le seul, en ces années, à adhérer à telle ou telle partie de la doctrine fasciste ; il y aurait même quelque outrecuidance de notre part aujourd'hui à l'accuser : il est facile d'être héros après coup ! Il serait absurde, d'autre part, d'insinuer que tout praticien actuel de la critique déconstructive soit, par là même, un fasciste en puissance et de se lancer dans une nouvelle chasse aux sorcières. Faut-il pour autant s'interdire de s'interroger sur la signification de cette « affaire » et sur une éventuelle continuité, non directement politique mais philosophique, entre ces deux moments dans la carrière de De Man ?

Aucune relation causale simple ne relie convictions philosophiques d'une part et choix politiques d'autre part. Il devrait néanmoins être possible d'échapper à ces deux simplifications à outrance : considérer, comme certains marxistes, que les comportements produisent les idées avec la même monotonie que le pommier donne des pommes (ou, inversion idéaliste du même déterminisme, que les idées engendrent mécaniquement les actions), ou rejeter toute relation entre les doctrines et le cours du monde. Entre ces deux extrêmes, on peut trouver la place pour une relation plus nuancée, consistant en compatibilités et incompatibilités, en conditions favorables et défavorables, en solidarités objectives entre idées et actes. Peut-on imputer au seul hasard le fait que Heidegger et nombre de ses disciples (de Man en est un) se soient retrouvés, dans la période 1933-1945, aux côtés de l'extrême droite ? Les idées promues par Heidegger et ceux qui pensaient comme lui ont pu constituer, pour le moins, un terrain propice à l'épanouissement de ces choix politiques. Sans chercher à faire un procès d'intention aux individus, on peut, et même on doit, s'interroger sur les implications politiques des doctrines philosophiques.

L'antisémitisme et le prohitlérisme de De Man ne sont pas vraiment en rupture avec les choix philosophiques dont il se réclame à l'époque : contre l'individualisme, auquel il préfère les solutions collectives, voire totalitaires (le mot n'est pas encore péjoratif) ; contre l'universalisme et pour les traditions nationales (l'universalisme des Français peut leur être laissé en tant que spécificité locale !) ; contre le rationalisme, simple étape de l'évolution de l'esprit, et pour une renaissance du mythe ; contre l'omniprésence de la technique, aboutissement absurde du projet prométhéen occidental ; contre toute confrontation de la littérature avec la vérité ou les valeurs éthiques. On voit bien, d'un autre côté, en quoi consiste la continuité philosophique entre la déconstruction d'aujourd'hui et l'inspiration anti-universaliste, antirationaliste et relativiste qui a été celle de De Man à l'époque de la guerre. La démocratie, elle, ne se définit pas par la tolérance indifférente à l'égard de toutes les idées : sont en affinité avec elle le dialogue et non la violence, l'argumentation rationnelle et non l'adoration d'un Führer charismatique, l'action volontaire et non la soumission fataliste aux traditions, les idées d'universalité et d'égalité et non le culte des particularismes.

Il est révélateur de voir comment un autre représentant en vue de la méthode déconstructive aux Etats-Unis, le critique Geoffrey Hartman, a tenté d'interpréter et d'absoudre les errements de De Man. Ce dernier se serait aperçu que son engagement politique avait été une erreur ; il en aurait déduit que tous les engagements sont par définition erronés. La vérité et la justice absolues n'existent pas, suggère Hartman, et nous sommes toujours et nécessairement dans l'illusion du langage ; les tentatives pour en sortir, pour atteindre à plus de clarté, ne peuvent que nous y enfoncer davantage. Renonçons à toute condamnation du passé, autrement nous perpétuerions l'illusion que l'avenir peut en être différent. Tout projet politique, du fait même qu'il se propose d'améliorer notre condition, est potentiellement totalitaire.

Dans la nuit de la déconstruction, tous les chats sont décidément bien gris. Ne jouons pas sur les mots : la vérité absolue n'existe peut-être pas – et pourtant la mise à mort des juifs est bien une vérité, non une interprétation ; le bien pur n'est assurément pas de ce monde, mais il n'est tout de même pas indifférent de savoir que de Man avait suggéré une « solution du problème juif » par la déportation et avait salué l'avènement de Hitler, ainsi que « la conduite parfaite d'un envahisseur hautement civilisé » (les soldats allemands en France). L'attitude en apparence humble de Hartman et des autres déconstructionnistes (« rien n'est certain ») me semble en réalité receler du mépris pour tous ceux qui aspirent à un peu plus de justice et de vérité. Tant qu'il s'agit de mots, l'antihumanisme peut apparaître séduisant ; converti en actes, il est inadmissible.

Quelle voie, alors, reste ouverte à la critique littéraire ? Celle que défendent les adversaires du post-structuralisme pourrait être appelée l'« humanisme critique » ; l'adjectif devrait servir ici de garde-fou contre les utilisations frauduleuses du même programme. La précaution n'est pas superflue : on sait que le camouflage humaniste du colonialisme européen a failli compromettre à tout jamais la cause humaniste. Il faut reconnaître le rapport des œuvres au monde : « Tout le sens de ma démonstration, écrit par exemple Scholes, est que nous devons ouvrir la voie entre le texte littéraire ou verbal et le texte social dans lequel nous vivons. » Et leur rapport aux valeurs : « Nous devons rétablir la dimension évaluative de la critique, non dans le sens banal de classer les textes littéraires selon leur excellence, mais dans le sens très sérieux d'interroger les valeurs produites par les textes que nous étudions. »

J'aurais souhaité (mais sans y croire vraiment) l'oubli rapide de cet épisode regrettable de la critique américaine, ce qui lui aurait permis de contester – mais autrement – la critique antérieure. La question « Que signifie ce texte ? » est une bonne question et il faut toujours tenter d'y répondre, sans pratiquer d'exclusive sur les contextes, historiques ou structuraux ou autres, qui pourraient nous aider dans cette recherche. Ce n'est pas pour cela qu'il faut s'y arrêter : cette question pourra être prolongée par une autre double interrogation, adressée à la réponse de la première : « Est-ce vrai ? Et est-ce juste ? » On aurait ainsi surmonté l'opposition stérile des critiques-spécialistes, qui savent mais ne pensent pas, et des critiques-moralistes, qui parlent sans rien savoir des œuvres. C'est ainsi que le critique pourrait enfin assumer pleinement le rôle qui est le sien, celui du participant à un double dialogue : en tant que lecteur, avec son auteur ; en tant qu'auteur, avec ses propres lecteurs – qui, du coup, pourraient devenir un peu plus nombreux.

11. Les humanités

La situation des intellectuels est-elle vraiment meilleure en France ? Ou ai-je seulement perdu la distance critique, le privilège du dépaysement qui m'aurait permis de voir ses travers à elle ? Aux Etats-Unis, la philosophie du post-structuralisme comme les nouvelles versions du marxisme sont en grande partie un article d'importation – de France, précisément. Ces idées sont donc présentes ici aussi, pourtant elles n'y jouent pas le même rôle hégémonique ; elles forment plutôt une voix parmi d'autres dans un débat en cours – situation conforme à l'esprit démocratique, qui ne se propose de bannir ni les sceptiques ni les dogmatiques, ni les croyants ni les agnostiques, ni les conservateurs ni les partisans du changement. Une autre caractéristique de la situation française me frappe pourtant, grâce au dépaysement que m'apportent les visites aux Etats-Unis : c'est qu'ici, beaucoup plus que là-bas, la vie intellectuelle est insérée dans la vie de la cité ; le débat d'idées est, non pas constamment mais périodiquement, confronté au monde social et politique où il se déroule, ce qui permet de rétablir un certain rapport entre les mots et les choses.

La place des intellectuels

Une partie de l'histoire est pourtant commune : pour des raisons de conjoncture économique (extinction des lignées royales, appauvrissement des papes, manque d'intérêt du grand public...), la plupart des professionnels de l'esprit, que ce soit en Europe ou en Amérique du Nord, gagnent leur vie à l'université. Ce mélange des métiers et des vocations a ses inconvénients mais ce n'est pas là que se situe le clivage. Aux Etats-Unis, différents en cela de l'Europe continentale, l'université est, à peu d'exceptions près, extérieure à la cité, à la fois géographiquement et idéologiquement. Les universités américaines fleurissent de préférence dans les petites villes prospères ou dans les banlieues aisées (qu'on compare Princeton à la Sorbonne, ou Stanford à la Freie Universität), quand elles n'élèvent pas des barricades infranchissables entre elles et les ghettos environnants. On ne dira jamais assez l'effet que cet isolement, cette institution des « campus », nos monastères laïcs, ont provoqué tant dans la cité, en la coupant de son élément pensant, qu'auprès des intellectuels, en les privant de la matière première de leur réflexion.

Pour cette raison – comme, bien sûr, pour quelques autres –, les collègues auxquels je rends visite dans un campus savent bien tout ce qui concerne leur propre vie et celle des autres campus (essentiellement, qui a eu ou n'a pas eu la *tenure*, c'est-à-dire la titularisation – j'imagine le silence qui s'abattrait sur les cafétérias où déjeunent les professeurs si, par miracle, ce thème devenait tabou), non ce qui est en train de se passer dans la cité toute proche ; en cela aussi ils doivent être comme les moines du Moyen Age, au courant des querelles scolastiques ou personnelles dans les autres monastères, mais oublieux des soucis de la population dans le village d'à côté.

Dans la vie professionnelle, toute l'attention se concentre sur les « méthodes » (en critique littéraire, les mille et une nuances de la déconstruction) et on oublie les buts (à quoi bon commenter les textes ? à quoi sert la « culture » ? ce que dit l'auteur est-il vrai ? et est-il juste ?). Il faut du reste être entièrement coupé de la vie publique et n'être jamais sorti de chez soi pour, comme le font ces universitaires-là, prendre à la lettre les théories « françaises » et croire qu'il n'existe aucune différence entre faits et interprétations, raison et croyances, justice et intérêts. Ou il faut pour cela, ce qui est plus vraisemblable, avoir une main droite professionnelle qui ignore tout de ce que fait la main gauche, humaine trop humaine.

Plusieurs groupes constituent des exceptions à cette règle, mais leurs membres ne sont pas très nombreux. Si on laisse de côté quelques individus remarquables (et irréprochables), deux variantes opposées peuvent être distinguées. La première, plus répandue aux Etats-Unis qu'en France, consiste à se mettre au service du pouvoir, ou plutôt du gouvernement : chaque nouveau président amène avec lui sa troupe d'experts. Leur intelligence et leurs connaissances sont mises au service de leur chef, qui choisit les buts à atteindre. Dans l'autre variante, on s'engage au service non plus du pouvoir mais de la lutte contre le pouvoir ; ou plutôt, on choisit de condamner systématiquement ce que fait et dit le gouvernement.

Une de mes vieilles voisines à Sofia pensait que tout ce qu'elle entendait à la radio était mensonge, car propagande ; du coup, elle prenait un parapluie chaque fois qu'on annonçait du beau temps. Inutile de dire qu'elle se trompait au moins aussi souvent que les météorologues officiels (mais pour d'autres raisons). C'est à elle que me font penser ces abonnés de l'opposition : ils ne disent pas que Reagan a tort parce que ses idées sont mauvaises, mais que les idées sont mauvaises parce qu'elles proviennent de Reagan. Je lisais un jour dans *Salmagundi*, une bonne revue libérale, cette mise en garde d'un universitaire : « Insister, aux Etats-Unis, sur les infractions à la liberté de la presse imposées par les Sandinistes au Nicaragua, c'est en fait apporter un soutien à la politique de Reagan en Amérique latine. » Au même moment, dans la revue *Commentary* (conservatrice), on pouvait lire une attaque inverse contre Jacobo Timmerman, le journaliste argentin qui avait dénoncé la torture pratiquée par le régime militaire dans son pays : cette dénonciation pouvait, disait-on, desservir la cause anticommuniste. Pour un peu, on se croirait revenu à l'époque du procès Rousset.

Or, si l'intellectuel réagit automatiquement (pour ou contre « le pouvoir »), s'il calcule ses propos en vue des objectifs immédiats à atteindre, il renonce à son identité même, qui est de refuser la soumission de sa pensée à rien d'autre que la recherche de justice et de vérité. Dans un pays totalitaire, l'intellectuel est souvent placé devant un choix brutal : servir le pouvoir ou entrer en guerre contre lui. En démocratie, il a le privilège de l'autonomie : il peut agir en fonction de sa volonté et de ses décisions, plutôt que d'être mû par la force de ses appartenances ou de ses supputations sur l'avenir.

Un débat récent a ramené l'attention sur les rapports des intellectuels à la société. La question qui y était agitée se formulait ainsi : y a-t-il une crise des « humanités » dans les universités américaines ? Les « humanités » vont mal, proclamaient les uns ; elles ne se sont jamais aussi bien portées, rétorquaient les autres. Il se peut, bien entendu, que le cri de détresse provienne d'une illusion d'optique, comme il s'en produit constamment : « notre société est en crise » (ou, plus modérément, « dans un état de transition ») est une phrase fréquente à toute époque, qui ne révèle la plupart du temps que l'égocentrisme de l'observateur. « Avant, tout allait mieux » est une autre rengaine éternelle, qui s'explique moins par la dégradation permanente de la société humaine que par notre préférence, après tout compréhensible, pour les années où nous étions jeunes. D'un autre côté, certaines époques sont réellement pires que d'autres et on aurait tort de se désintéresser d'un débat en cours au nom de ces considérations générales ; on peut aussi en profiter pour réfléchir sur l'état actuel comme sur l'état souhaitable d'un segment important de notre culture, l'enseignement des lettres, de l'histoire, de la philosophie, des sciences humaines.

L'accusation et la défense

L'accusation n'a pris de l'importance que parce qu'elle a été amplifiée par des voix extérieures à l'université. Que certains professeurs déplorent l'état de leur discipline n'est pas nouveau ; ce qui l'est, et qui est bien plus significatif, c'est le succès populaire des livres dans lesquels se sont exprimés ces reproches. Ce sont les grands organes de la presse américaine, quotidiens et magazines, qui se sont emparés de sujets réservés jusqu'alors aux seuls membres de la profession et qui ont fait entendre, dans l'ensemble, une voix critique. C'est une agence fédérale, le National Endowment for the Humanities, qui a produit des documents systématisant ces critiques ; l'un d'entre eux, intitulé *Humanities in America*, est signé par sa directrice de l'époque, Lynne Cheney. Si l'on admet que l'université doit contribuer au bien de la communauté où elle s'insère, on ne peut se permettre d'ignorer ces voix incontestablement légitimes : les reproches sont à prendre peut-être pas à la lettre, mais en tous les cas au sérieux.

Résumons d'abord la thèse de l'accusation. Elle part d'un constat de déclin, qui n'a rien d'une impression subjective. Entre 1966 et 1986, le nombre de maîtrises dans les universités américaines a augmenté de 88 % ; le nombre de maîtrises attribuées dans le domaine des humanités a *diminué* de 33 %. En 1966, un étudiant sur six sortait de l'université avec un diplôme en « humanités » ; en 1986, le chiffre est de un sur seize. Cheney suggère plusieurs explications à ce phénomène, parmi lesquelles deux paraissent avoir une certaine portée idéologique, ce qu'on pourrait appeler la spécialisation et la particularisation. La spécialisation est un mouvement qui affecte l'ensemble des disciplines universitaires et elle est due à la fois à l'accroissement du savoir qu'il est nécessaire d'absorber et à la pente naturelle de chaque spécialiste, qui le pousse à s'enfermer dans ce qui lui est le plus familier ; elle s'est néanmoins révélée particulièrement néfaste pour le domaine des « humanités ». Les spécialistes des diverses disciplines ne se comprennent plus entre eux et ne sont pas compris par le public profane, qui les accuse de pratiquer le jargon.

Quant à la particularisation, elle se manifeste à la fois dans le point de vue (ou « méthode ») adopté par les chercheurs et dans le choix de la matière étudiée. Le point de vue est explicitement anti-universaliste et se veut l'expression de la politique d'un groupe. La matière étudiée (notamment dans les cours de « civilisation occidentale », souvent obligatoires dans les collèges américains) ne recouvre plus ce qui a été jusqu'alors considéré comme un « canon » indispensable, les chefs-d'œuvre de la littérature et de la philosophie occidentales ; on trouve à leur place des listes établies suivant les goûts de chaque enseignant, voire de chaque étudiant ; la dispersion a remplacé la continuité. La querelle a été particulièrement vive à Stanford, en Californie, où, sous la pression de certains groupes d'étudiants et de professeurs, comme aussi d'une démonstration conduite sur le campus par le révérend Jesse Jackson au cri de *« Hey, hey, ho, ho, Western culture's got to go »*, le cours (obligatoire) de « Civilisation occidentale » a été remplacé par un cours appelé, de façon plutôt neutre, « Cultures, idées, valeurs »…

La défense des « humanités » est conduite essentiellement par les intéressés eux-mêmes, professeurs de lettres, histoire et philosophie (une répartition en soi un peu regrettable). Je prendrai ici comme exemple une brochure publiée par l'American

Council of Learned Societies et intitulée *Speaking for the Humanities* – exemple sûrement représentatif, puisqu'elle est signée par les directeurs des Humanities Centers de cinq grandes universités (Rutgers, Yale, Cornell, Harvard, Stony Brook) et endossée par vingt et un autres praticiens prestigieux des disciplines humanitaires. Le penchant pour la spécialisation est assumé par les auteurs de la brochure, qui affirment même fièrement : « La spécialisation rend la pensée possible. » C'est là, évidemment, une prétention extravagante, qui implique entre autres qu'en dehors des universités les gens ne pensent pas ! Pour justifier leur position, les auteurs recourent à l'argument familier selon lequel les écrits des physiciens, eux non plus, ne sont pas compris du grand public.

N'y aurait-il vraiment aucune différence entre histoire littéraire et physique ? La fausse analogie ne serait-elle pas justement l'une des causes de la spécialisation excessive ? La connaissance de l'objet est bien un aspect du travail scientifique et à cet égard aucune « spécialisation » (aucune compétence) n'est de trop. A la différence du physicien ou du géologue, cependant, l'historien et le philosophe étudient un objet qui est de même nature qu'eux ou que leurs semblables : l'être humain ; cette différence entraîne quelques conséquences dans leur travail. Les pratiques humaines se distinguent des processus naturels par le rôle qu'y joue la volonté de leurs agents ; par conséquent, l'étude des lettres et des sciences humaines a trait aux valeurs de la communauté humaine dans laquelle on vit, voire de l'humanité tout entière : il est impossible d'étudier l'homme sans en tenir compte. On ne saurait déduire les valeurs des résultats de la science, certes ; il ne reste pas moins que, pour cette raison, les humanités sont en rapport plus direct que les autres disciplines avec la vie de la communauté. On bute ici contre un autre sens du mot « spécialisation », qui est l'absence d'intérêt général du travail produit.

L'opposition pertinente n'est donc pas entre le « spécialiste » et le « belle-lettriste », mais entre un spécialiste qui ne veut pas s'écarter d'un pas de son objet et cet autre spécialiste qui décide de ne pas perdre de vue les intérêts de l'humanité ou de la communauté. Une telle visée ne remplace pas le travail de connaissance proprement dit, sinon le savant serait éliminé au profit du moraliste ou du militant politique, et elle n'a pas à se manifester à chaque pas de la démarche scientifique ; néanmoins elle forme l'horizon, toujours présent, de la recherche – sous peine de la voir se transformer, autrement, en pure scolastique.

Passons maintenant à la seconde accusation, celle de « particularisation » excessive, et aux arguments avancés ici par la défense. D'abord la question de principe : est-il vrai que le point de vue de politique particulière doive remplacer partout l'universalisme désuet ? Une fois de plus, les auteurs de la défense assument avec empressement le trait qui leur est attribué. Il n'existe pas de vérité ni d'objectivité, assènent-ils, mais seulement des points de vue et des intérêts particuliers. Toute prétention à l'universalité ne peut être qu'illusion naïve ou camouflage perfide. En accord avec ce principe, l'argument d'autorité se fait de plus en plus pesant (puisqu'il n'y a pas de différence entre le droit et la force, autant être du côté des plus forts) : les philosophes les plus « puissants », les plus « distingués », les plus « dominants » de la modernité, paraît-il, nous enjoignent d'aller dans cette voie.

L'ère totalitaire où il n'y a plus de différence entre vrai et faux mais seulement entre forts et faibles serait-elle arrivée ? Je ne le crois pas. *Speaking for the Humanities* confond, volontairement ou non, deux propositions, dont l'une est triviale et l'autre très contestable. Il est vrai que toute pensée naît à un moment donné, dans une situation particulière, et qu'elle est liée alors à certains intérêts. Ce qui est vrai de l'origine ne l'est pas forcément de la portée, toutefois : il ne faut pas croire que tous ceux qui ont aspiré à une vérité autre que locale sont ou des imbéciles ou des tricheurs.

Le propre de l'être humain est non seulement d'avoir des intérêts particuliers, mais aussi d'être capable de les surmonter ; tout un chacun (sauf Calliclès, l'antagoniste de Socrate dans *Le Gorgias* de Platon) sait faire la différence entre le profitable et le bon. Ce n'est pas parce que l'algèbre est née chez les Arabes qu'elle n'est pas vraie en Chine ; ce n'est pas parce que les droits de l'homme ont été formulés en Europe qu'on ne doit pas exiger leur respect en Afrique du Sud. Enfin, la possibilité du consensus et l'aspiration universaliste sont évidemment beaucoup plus proches de l'idée démocratique que ne le sont les philosophies qui présentent le monde comme livré à la guerre irréductible des races ou des nations, des classes ou des sexes.

Existe-t-il un canon ?

Venons-en maintenant à la question du canon. La difficulté provient ici de ce que plusieurs questions, toutes importantes, ont été télescopées en une. J'énumère les principales :

1. Tout être humain naît à l'intérieur d'une culture particulière. Heureusement pour lui : il n'a pas à organiser à neuf l'ensemble de ses expériences, ce qui serait une tâche au-dessus de ses forces ; il apprend l'organisation propre à sa culture à travers la langue et les traditions de son groupe. Sans cette maîtrise d'une partie de la mémoire collective, il serait condamné à l'incommunication, voire à la déraison. La vie moderne, qui a détruit beaucoup de canaux de transmission de la tradition, menace l'individu d'une infirmité particulière, la déculturation ; il est donc souhaitable qu'elle compense les canaux disparus par d'autres : l'éducation scolaire en fait partie. Il est bon qu'à l'intérieur d'une culture existe un certain canon, c'est-à-dire des connaissances partagées par tous : cela assure une meilleure participation à la vie sociale. Si en revanche la matière étudiée

est laissée au libre choix de l'enseignant ou de l'étudiant, le résultat risque d'être décevant : à la fois parce que la communication à l'intérieur de la société s'en trouverait appauvrie et parce que, incapable de se situer par rapport à un ensemble impersonnel, l'étudiant prend pour de la vérité les préjugés de son professeur ou ceux de son temps.

2. La tradition occidentale est-elle « raciste, sexiste et impérialiste », comme on l'a dit à Stanford ? Ou est-elle universaliste, tolérante et critique ? Les deux, bien sûr ; si les questions formulées au sein de cette tradition restent longtemps les mêmes, les réponses, elles, varient : il existe, en ce sens, bien plus d'une « tradition occidentale ». Racisme, sexisme et impérialisme ont été pratiqués par certains, combattus par d'autres : cela est l'évidence même. Il en va pareillement, du reste, de n'importe quelle tradition suffisamment riche : on y trouve toujours des écoles de pensée différentes, voire contradictoires.

3. Le fait que la majorité des auteurs de la tradition occidentale soient des hommes blancs appartenant à la classe supérieure signifie-t-il que le contenu de leurs œuvres s'épuise en une défense de l'élite blanche masculine ? Tous les Blancs sont-ils racistes (anti-Noirs), tous les hommes sexistes, etc. ? Pour le croire, il faudrait adhérer, de la manière la plus étroite qui soit, à l'adage « l'être détermine la conscience ». Il faudrait, de plus, être passablement raciste (la couleur de la peau décide du contenu de la pensée, tous les Noirs pensent pareil, tous les Blancs aussi) et sexiste. Rassurons-nous : savoir qu'un auteur est blanc et mâle ne nous apprend pas grand-chose sur le contenu de sa pensée. Il n'y a aucune contradiction entre le contexte nécessairement historique dans lequel surgit une œuvre et sa portée plus ou moins universelle.

4. Doit-on être d'accord avec les auteurs qu'on enseigne ? Une réponse positive à cette question risquerait d'appauvrir énormément l'enseignement en question et aurait pour effet

à la fois de falsifier la tradition (n'en garder que ce qui nous convient) et d'orienter l'enseignement vers l'inculcation du bien. Une double remarque s'impose ici. D'abord, l'analyse d'auteurs avec lesquels l'enseignant et/ou les enseignés sont en désaccord peut être plus utile que celle de textes qui expriment le sens commun d'aujourd'hui : je pourrais chercher à comprendre en quoi Gargantua reproduit des clichés sexistes ou en quoi Huck Finn préserve ses préjugés raciaux, plutôt que d'écarter les œuvres du programme. Ensuite, il s'impose de distinguer entre la puissance d'une pensée et sa justesse (selon les critères en vigueur aujourd'hui) ; en vue de l'éducation de l'esprit, on estimera plus la première que la seconde : l'anti-démocratisme de Platon ne rend pas le philosophe grec moins stimulant qu'un social-démocrate contemporain.

5. Le canon n'est ni immuable ni malléable à merci, n'en déplaise aux conservateurs comme aux révolutionnaires. Seule notre habitude de nous enfermer dans des oppositions rigides rend difficile sa description. Le canon est marqué à la fois par la continuité et par une transformation incessante ; il n'en a jamais été autrement, tout au moins dans la tradition européenne. Il n'exige pas davantage l'unanimité, mais reflète des opinions simplement majoritaires.

6. Il faut commencer par maîtriser sa propre tradition : il n'est de voies qui conduisent à l'universel que celles qui passent par un particulier. Le but de l'éducation humaniste et libérale est cependant plus ambitieux : c'est de former des esprits ouverts, tolérants et critiques à la fois. Pour procéder au nécessaire dépaysement, ou renoncement aux illusions égocentriques et ethnocentriques, on doit apprendre à se détacher de soi-même, à se distancier de ses propres habitudes, à les voir comme du dehors. La seule manière d'y parvenir, c'est de confronter ses normes avec celles des autres et de découvrir la légitimité de ces dernières aussi (ce qui ne veut pas dire que l'on renonce aux jugements transculturels : la tyrannie est néfaste sous tous les climats).

C'est en cela que l'étude de l'histoire est précieuse, ainsi que celle des autres cultures. Non pour contribuer à une illusoire culture universelle, obtenue par l'addition d'œuvres coupées de leur contexte, ou pour remplir nos têtes d'un savoir encyclopédique ; mais pour nous montrer qu'il y a plus d'une façon d'être humain. Cela veut dire qu'on s'intéresse aux autres temps, aux autres lieux non pour les juger avec nos critères d'aujourd'hui, mais, bien au contraire, pour éclairer le présent par le passé, l'ici par l'ailleurs. L'étude des cultures éloignées de nous et, pour cette raison, plus difficiles à accepter peut être ici particulièrement utile.

Voilà, me dira-t-on, des exigences irréalistes : les universités diminuent déjà la part de l'enseignement humanitaire, or vous suggérez qu'il faut maintenir l'étude de la « civilisation occidentale » et, de plus, lui adjoindre celle des « civilisations non occidentales » comme aussi des traditions marginales ! Tel est pourtant le prix à payer si l'on veut que ces institutions produisent non seulement de bons experts mais aussi de meilleurs citoyens, voire des êtres humains dignes de respect.

12. Déclin de l'autonomie

Plusieurs années s'étaient écoulées depuis ma dernière visite aux Etats-Unis. Aussi mon séjour pendant le semestre de printemps 1994 dans une université de la côte Est m'a-t-il donné l'impression de me faire découvrir quelques nouveaux traits dans la vie publique de ce pays. Cette impression, une fois de plus, ne concernait que le monde des *valeurs* : les limites dans le temps et, plus encore, dans l'espace social que j'ai fréquenté (une riche université) ne m'ont pas permis d'avoir une image parlante des *réalités* sociales ou économiques.

Si je devais résumer mes conclusions en une formule, ce serait : le recul de certaines valeurs démocratiques et plus particulièrement de la valeur cardinale de l'autonomie. La naissance des démocraties modernes est solidaire d'une transformation dans la manière dont l'individu se représente à lui-même. Dans les sociétés antérieures, par exemple dans ce qu'on appelle en France l'Ancien Régime, l'individu se soumet à une règle qui lui vient d'ailleurs et sur laquelle il n'a aucune prise : c'est l'ordre naturel ou le droit divin qui fonde le pouvoir royal et les lois de l'Etat. En démocratie, l'individu réclame le droit d'être responsable de son propre sort ; il est dirigé par un gouvernement que lui-même et ses semblables élisent, par des lois que ses propres représentants formulent, et il se réserve de plus un territoire privé, sur lequel aucun pouvoir, même pas celui qu'il a lui-même contribué à mettre en place, n'a le droit de regard. En cela, le citoyen d'une démocratie se distingue des sujets du roi sous l'Ancien Régime. L'autonomie, cette exigence de ne se soumettre qu'à des lois que l'on assume soi-même, d'être le maître de son propre destin, est politique et non sociale : même si je veux me sentir responsable de mes actes, je continue de vivre dans un espace fait d'autres présences humaines ; plus même : je ne suis qu'un élément des réseaux interhumains.

L'aspiration à l'autonomie reste aujourd'hui un moteur puissant de transformation de la société, aux quatre coins du monde. Si les habitants des pays de l'Est ont rejeté avec une telle unanimité les régimes communistes, c'est, comme je l'ai rappelé au début de ce livre, en grande partie parce que ceux-ci les privaient de leur autonomie et donc de leur dignité : ces habitants n'avaient pas du tout l'impression de participer à la conduite des affaires publiques (les élections étaient une mascarade) et, de plus, l'appareil du Parti-Etat pouvait s'immiscer jusque dans leur espace privé, ne leur laissant aucune liberté personnelle. Semblablement, les Noirs d'Afrique du Sud voient dans le suffrage universel auquel ils viennent d'avoir accès non une importation européenne, mais la possibilité d'affirmer leur autonomie (de décider de leur sort) et de retrouver leur dignité. Or les changements que je crois observer dans les valeurs publiques aux Etats-Unis vont en sens inverse : ils consistent à exiger moins d'autonomie, et non davantage. Il est vrai que cette exigence n'est pas formulée de façon frontale, mais elle est sous-entendue dans toute une série de manifestations apparemment indépendantes.

Victimisation

La première forme de renoncement à l'autonomie concerne les individus isolés ; elle consiste à se penser systématiquement comme non responsable de son propre destin, voire comme une victime. Tous les visiteurs européens sont frappés par ce trait de la vie américaine : ici, on peut toujours chercher la responsabilité des autres pour ce qui ne va pas dans votre vie. Si mon enfant tombe dans la rue, c'est la faute à la ville, qui n'a pas fait les trottoirs assez plats ; si je me coupe le doigt en tondant le gazon, c'est la faute au fabricant de tondeuses. Dans les procès criminels, la meilleure défense semble être devenue : je suis une ancienne victime, j'ai été maltraité pendant des années par mes parents, j'ai donc le droit de les massacrer aujourd'hui (ou, variante, de les traîner en justice pour tout le mal qu'ils m'ont fait) ; j'ai été brutalisée par mon mari, cela explique pourquoi je l'ai châtré. Si je ne suis pas heureux aujourd'hui, c'est la faute à mes parents dans le passé, à ma société dans le présent : ils n'ont pas fait le nécessaire pour mon épanouissement. La seule hésitation que je puisse avoir est de savoir si, pour obtenir réparation, je me tourne vers l'avocat ou vers le psychothérapeute ; mais, dans les deux cas, je suis pure victime et ma responsabilité n'est pas engagée.

Personne ne veut *être* une victime, cela n'a rien d'agréable, en revanche tous veulent l'avoir été ; ils aspirent au *statut* de victime (j'en ai parlé à propos des séquelles du totalitarisme). La vie privée connaît ce scénario depuis très longtemps : un membre de la famille s'empare du rôle de victime car, de ce fait, il peut attribuer à ceux qui l'entourent un rôle beaucoup moins avantageux, celui de coupable. Avoir été victime vous donne le droit de vous plaindre, de protester et de réclamer à longueur de journée ; sauf à rompre tout lien avec vous, les autres sont bien obligés de répondre à vos demandes. Il est plus avantageux de rester dans le rôle de victime que de recevoir une réparation pour l'offense subie (à supposer que cette offense soit réelle) : au lieu d'une satisfaction ponctuelle de vos désirs, vous gardez un privilège permanent, l'attention et donc la reconnaissance des autres vous sont assurées. Ce qui est nouveau de nos jours, c'est que ce rôle de victime individuelle est revendiqué sur la place publique.

La configuration victimaire arrange, il est vrai, beaucoup de monde, en ménageant plusieurs rôles commodes : celui de l'ex-victime d'abord, celui de son avocat ensuite. Hommes politiques et vedettes du spectacle, eux-mêmes, ont compris qu'il ne suffisait pas d'apparaître comme des vainqueurs, mais qu'il fallait de plus être associés à la cause des victimes. C'est certainement là un des changements les plus fascinants qui se sont opérés ces dernières années dans la mentalité américaine : le remplacement de l'idéal héroïque par l'idéal victimaire. Avant, tout le monde se vantait d'avoir été le plus fort; maintenant, le plus opprimé. Avant, on faisait l'éloge du *self-made man*; maintenant, de celui qui n'a fait que subir. Les héros n'ont été nombreux à aucune époque; mais l'idéal héroïque gardait son prestige. Pourquoi l'a-t-il perdu, d'où vient cette nouvelle « volonté d'impuissance » ? La question reste ouverte, mais l'une des causes en est sans doute que cette position d'ancienne victime est plus payante que celle des anciens héros.

Toutes les offenses ne sont pas imaginaires, bien sûr, et les vraies victimes méritent réparation; cela ne peut être décidé qu'au cas par cas. Ce qui me frappe pourtant, c'est la place prééminente qu'occupe l'aspiration au statut de victime dans le débat public actuel. Or on n'est jamais entièrement déterminé : nous sommes tous agis par des forces sur lesquelles nous n'avons pas prise, mais nous pouvons aussi agir en tant que sujets autonomes. Une des leçons morales des camps de concentration totalitaires est précisément que, jusqu'au dernier moment, l'être humain dispose de choix : il peut se laisser faire ou préserver une parcelle de sa dignité, s'abandonner à l'égoïsme ou pratiquer le souci pour autrui. Dans les conditions infiniment moins contraignantes de notre vie quotidienne, déterminisme et liberté se mélangent dans des proportions bien plus équilibrées. Si je me casse une jambe en tombant, la Providence et moi sommes tous deux responsables; me faire payer des réparations par la ville revient à dire que mon moi a renoncé à toute son autonomie, mais non à sa cupidité. Se voir comme dégagé de toute responsabilité à l'égard de son propre destin, c'est se considérer toujours comme un enfant, jouet de puissances infiniment supérieures. Dans les relations avec nos proches, aucun de nous n'est seulement victime : la vie affective n'est pas unidimensionnelle, nous acceptons d'être victimes ici parce que cela nous offre des compensations ailleurs.

Celui qui a subi un préjudice a droit à des compensations. Déjà, pourtant, la compassion se met subrepticement à la place de la justice, suggérant à tort qu'il suffit d'être faible pour avoir raison. Dans un deuxième temps, le droit de devenir comme tous se transforme en une revendication de privilèges, censés rééquilibrer l'offense subie. Il n'est pas nécessaire que cette récompense se traduise en termes légaux ou prenne la forme d'un dédommagement matériel : les avantages symboliques sont les plus convoités, car les plus puissants. Enfin, l'ancien persécuté, une fois au pouvoir, devient persécuteur ; le désir mimétique, pour parler comme René Girard, est d'autant plus inévitable qu'il est ignoré par celui qu'il frappe.

Appartenance au groupe

La seconde forme de renoncement à l'autonomie consiste à se penser avant tout comme le membre d'un groupe : si j'agis comme je le fais, ce n'est pas parce que je le veux, mais parce que j'appartiens à une communauté ; ma volonté est aliénée au profit du groupe. Les groupes se trouvent ainsi valorisés au détriment des individus. Là aussi, le contraste est frappant entre les Etats-Unis et une grande partie du reste du monde. Ce n'est pas que les groupes, à l'intérieur des autres Etats, n'existent pas ; mais on juge habituellement, et à juste titre me semble-t-il, que cette existence est, dans la vie publique, source de conflits et même de désastres ; on cherche donc à neutraliser les différences plutôt qu'à les accentuer.

L'échec de la neutralisation explique au moins en partie les tueries fratricides entre Tutsis et Hutus au Rwanda, orthodoxes et musulmans en Bosnie, catholiques et protestants en Irlande du Nord. Son succès, au contraire, consiste à faire voter dans les mêmes élections, en Afrique du Sud, Blancs, Noirs et Métis. C'est la seconde dimension de la notion de citoyen, indissociable de celle de démocratie : non seulement les citoyens décident par eux-mêmes de la conduite des affaires du pays, mais, de plus, ils sont tous autant citoyens les uns que les autres, ont les mêmes droits dans la vie publique, quelles que soient leurs différences par ailleurs. Cette égalité de droits ne signifie pas, tant s'en faut, une égalité de fait : il y aura toujours des plus forts et des plus faibles, des plus riches et des plus pauvres, des plus beaux et des plus laids ; l'égalité politique est la règle du jeu, non son résultat.

Ces groupes, qui existent donc partout mais dont on s'emploie habituellement à limiter le rôle à la sphère privée, se trouvent, au contraire, confirmés et promus dans la vie publique aux Etats-Unis. J'en vois un premier exemple dans la pratique des quotas, plus ou moins officielle dans les universités et dans diverses agences gouvernementales ; l'idée que les personnes choisies, en vue d'un emploi par exemple, doivent être représentatives des groupes dans la société donne un statut légal à ces groupes. « Dans mon université, me disait une étudiante, la moitié des admis doivent être des femmes, dont la moitié peuvent être blanches, dont la moitié ne doivent pas être américaines : sur vingt-quatre places théoriques, seulement trois me sont accessibles. »

Un second exemple se trouve dans les tentatives pour infléchir le système électoral de telle sorte qu'il assure la représentation des « minorités », c'est-à-dire des groupes. En même temps qu'on s'indigne des pratiques de purification ethnique en Bosnie, on s'emploie à créer des districts électoraux ethniquement purs ici (le fameux 12e district en Caroline du Nord, qui s'étend sur 160 miles le long d'une route) ; en même temps qu'on se félicite de l'application du principe « un homme, un vote » en Afrique du Sud, on s'ingénie à trouver le moyen pour que les membres des minorités puissent disposer de plus d'un vote et soient ainsi assurés d'avoir des représentants. Sous-jacente à toutes ces tentatives est l'idée, premièrement, que tous les Noirs (ou membres d'une autre minorité) ont les mêmes intérêts et, deuxièmement, que seul un Noir peut défendre « les » intérêts des Noirs, un Blanc ne pouvant exprimer qu'un point de vue blanc.

Un troisième exemple frappant de l'institutionnalisation des groupes se trouve dans diverses manifestations de ce qu'on a appelé la « mixophobie », la peur des mélanges. Il y a quelques décennies déjà, les travailleurs sociaux noirs s'étaient opposés à l'adoption d'enfants noirs par des familles blanches, en évoquant la menace d'un « génocide culturel » et l'effrayante perspective d'« élever des enfants noirs avec des esprits blancs ». Aujourd'hui, la chose semble être entrée dans les mœurs et c'est sur un ton fatigué, celui des professeurs s'adressant à des élèves particulièrement obtus, qu'un responsable de l'adoption à Cambridge explique aux lecteurs du journal : « Les adoptions transraciales ne doivent être tentées que si toutes les autres options ont échoué » ; ce qui est préférable, ce sont les « adoptions par la communauté étendue (c'est-à-dire des personnes de même race, culture, tribu, religion, ethnie) ».

Faut-il s'attendre à ce que, dans un proche avenir, s'exprime la préférence pour des mariages à l'intérieur de la même race : là, au moins, on est sûr que les esprits blancs resteront blancs, et les noirs noirs ? Dans les universités, les communautés (c'est-à-dire des personnes de même race, etc.) exigent et obtiennent d'avoir des dortoirs séparés, des tables ou des salles à manger séparées, des centres culturels séparés. Je n'ai pas entendu, pas encore, qu'on ait demandé des autobus séparés pour se déplacer, ou au moins une barrière partageant l'espace en plusieurs compartiments : les Blancs en avant, les Noirs à l'arrière, ou l'inverse. L'idéal de l'intégration semble remplacé par celui de la ségrégation.

Il est intéressant de remarquer à ce stade que l'attaque contre la volonté générale peut venir aussi bien « de gauche » que « de droite », les conservateurs ne sont pas moins particularistes que les radicaux (mais on s'aperçoit rarement de cette coïncidence, les différences rhétoriques faisant écran devant la convergence de fond). Les uns attaquent le gouvernement fédéral au nom des pouvoirs locaux ; les autres combattent la « culture hégémonique » au nom des identités culturelles particulières. On voit aisément en quoi consistent les avantages de l'enfermement à l'intérieur du même groupe. Se retrouver parmi les siens, ceux qui vous sont les plus proches, vous procure un sentiment immédiat de votre existence (je ne suis pas rien, je suis noir/asiatique/indigène/femme/homosexuel), une déresponsabilisation (ce n'est pas à moi de choisir mais au groupe), une sécurisation (je n'aurai pas à peiner pour me faire accepter par des étrangers).

Si une telle réaction n'est guère surprenante, elle n'est pas non plus particulièrement honorable : pourquoi s'enorgueillir de ce qu'on préfère toujours rester avec ceux « avec qui on a le plus de choses en commun » ? Pourquoi être fier de ce combat en faveur de l'apartheid culturel ? On s'aperçoit aussi, à passer en revue ces quelques exemples, que les groupes en question ne sont pas n'importe lesquels. Leurs membres ne les choisissent pas eux-mêmes mais leur appartiennent de naissance, par la force de la biologie ou de l'histoire. La race, le sexe, l'ethnie – de préférence aux groupes où la volonté aurait joué ne serait-ce qu'un rôle modeste : une classe, une profession, un parti. Un pas de plus a été fait ici dans l'éloignement par rapport à l'idéal démocratique de l'autonomie : non seulement le groupe décide pour l'individu, mais, de plus, il s'agit d'un groupe qui lui est imposé.

Identité et différence

Dans la vie publique, les inconvénients de cette politique sont bien plus grands que ses avantages. Sous l'Ancien régime, les gens sont ce qu'ils sont une fois pour toutes : je nais paysan, je meurs paysan, et ce fait décide de ma place dans la hiérarchie politique du pays. Les nazis et les anciens maîtres de l'Afrique du Sud avaient transposé cette règle sur les caractéristiques physiques ou ethniques des hommes, les prétendues « races » : les juifs sont assassinés parce qu'ils *sont* juifs. Les pays démocratiques, au contraire, ont toujours valorisé ce qu'on *fait* par rapport à ce qu'on *est* : même si l'on naît nécessairement homme ou femme, de telle ou telle culture, plus ou moins foncé de peau, on est tenu responsable (et, du coup, on peut s'enorgueillir) uniquement de ce qu'on fait soi-même ; c'est même un crime contre l'humanité que d'infliger le mal à quelqu'un seulement pour ce qu'il est. Insister sur l'appartenance d'origine plutôt que sur l'accomplissement personnel, contribuer ainsi à l'épanouissement de l'« orgueil ethnique », comme le dit ingénument le président d'une université des environs de Boston, c'est aller à l'encontre des valeurs démocratiques fondamentales. La formule « le noir est beau » *(Black is beautiful)* est tolérable parce qu'elle ne concerne que l'esthétique ; « le noir est juste » serait du racisme pur et simple.

La politique des quotas est, d'une part, aberrante, et ne peut maintenir un semblant de justification que si nous tenons en mépris l'activité à laquelle ceux-ci sont destinés : qui voudrait se faire opérer par un chirurgien ayant obtenu son diplôme grâce au système des quotas ? Qui voudrait écouter un orchestre dont les membres seraient choisis pour bien refléter la diversité culturelle du pays (le Boston Symphony en est menacé) ? A une maison, on demande qu'elle ne se déconstruise pas toute seule, non que ses maçons aient été ethniquement représentatifs. Cette politique est, d'autre part, dangereuse, car tout quota positif (« au moins 40 % de… ») cache un quota négatif (« pas plus de 60 % de… ») ; la chasse aux juifs dans les professions libérales, en Europe avant la guerre, n'a pas commencé autrement.

Ce n'est pas tout. Favoriser les groupes risque aussi d'entraver toute politique efficace puisque la société devient le terrain de confrontation entre intérêts particuliers, au lieu d'être celui de la recherche d'un intérêt général. Or toute cause, aussi juste soit-elle pour la communauté en son entier, lèse les intérêts d'un groupe particulier : celle des homophiles nuit aux homophobes, celle des écrivains qui sympathisent avec les animaux (comme Alice Walker) déplaît aux mangeurs de viande (apparemment majoritaires dans le California Board of Education, puisque celui-ci a frappé d'exclusion certaines nouvelles de l'écrivain !). Réduire les individus à leur groupe biologique d'origine les appauvrit et les rabaisse, par conséquent appauvrit singulièrement l'héritage commun de l'humanité.

Il est désolant de voir que, cent ans après l'affaire Dreyfus, ce sont de nouveau les antidreyfusards qui gagnent : ceux qui pensent que l'identité de l'individu est entièrement déterminée par le groupe ethnique ou biologique auquel il appartient. « J'ai cessé de lire des auteurs mâles pendant dix ans, confesse fièrement une lectrice du *Times*, c'était passionnant. » Si cela est vrai, n'est-ce pas plutôt parce que les livres écrits par les femmes révèlent, comme ceux écrits par les hommes, l'expérience humaine dans toute sa richesse, et non parce que le sexe de l'auteur est le même que celui du lecteur ? Le sexisme et le racisme restent condamnables, même quand ils sont assumés par leurs anciennes victimes.

L'identification avec le groupe conduit à sa défense inconditionnelle (*« My country right or wrong »*, une fois de plus ; mais je rappelle que le sinistre commandant d'Auschwitz, Rudolph Hoess, avait aussi fait sienne cette devise) et à la dépréciation simultanée de tout transfuge, de tout représentant atypique ou marginal, soupçonné d'être révisionniste ou traître, et menacé d'ostracisme (« Ralph Ellison n'est pas un écrivain noir »). L'encouragement des groupes constitue le terrain fertile sur lequel s'épanouit le nationalisme le plus intolérant : Shelby Steele a raison de remarquer que le succès de personnages comme Louis Farrakhan, le dirigeant antisémite de la Nation de l'Islam, est la conséquence, lointaine et pourtant directe, des « programmes de diversité » complaisamment mis en place par des administrateurs qui se jugent eux-mêmes « libéraux ».

La diversité n'est-elle pas bonne et belle en elle-même, n'est-elle pas la vertu sociale suprême ? La société la meilleure n'est-elle pas la société la plus diverse ? Il faut d'abord dire que la réponse à cette question ne saurait être un « oui » inconditionnel. Si une société est démocratique de manière homogène, il ne viendrait à l'esprit de personne de réclamer l'introduction d'une certaine dose de fascisme – juste pour avoir un peu plus de diversité ! Nous n'apprécions la diversité que lorsqu'elle ne nous paraît pas nocive ; autrement dit, le jugement de valeur sur le différent et l'identique est subordonné à celui sur le bien et le mal.

Il faut ajouter que, contrairement à ce que suggère souvent une rhétorique déroutante, la défense de la différence relève d'une pensée conservatrice. Les différences sont une donnée, l'unité ne peut être que le résultat d'un effort ; les régionalistes protecteurs de leur héritage singulier sont conservateurs, les jacobins qui veulent transformer le monde à l'image de leur idéal sont révolutionnaires. C'est le chef Buthelezi qui s'exclame, à la veille des élections sud-africaines : « L'ANC veut détruire la culture zoulou ! » Je ne souhaite pas refuser le droit de cité aux conservateurs, ni à la part conservatrice en chacun de nous, mais il se trouve que je n'en fais pas mon idéal ; je préfère mettre à cette place le *dialogue*, qui présuppose bien une différence entre Je et Tu, mais aussi un cadre commun, la volonté de comprendre l'autre et de communiquer avec lui.

Ce qu'il faut dire surtout, c'est que très souvent la rhétorique de la différence, sous couvert de faire l'éloge de la pluralité, n'est qu'un camouflage opportuniste pour une aspiration à l'identité. Connaître mieux ma propre tradition, me retrouver parmi mes semblables et eux seulement, toute l'autoségrégation nouvelle qui règne sur les campus : cela n'a rien à voir avec l'éloge de la différence. Sous couvert d'un combat pour la différence et la pluralité, on aspire à la constitution de groupes plus petits mais plus homogènes : un Québec où l'on ne rencontre que des francophones, un dortoir où l'on ne croise que des Noirs. C'est là un des résultats paradoxaux – et pourtant prévisibles – de la politique des quotas : introduite pour assurer la diversité à l'intérieur de chaque profession, elle accrédite au contraire l'idée d'homogénéité au sein de chaque groupe ethnique, racial ou sexuel. La différence n'est pas une valeur absolue, mais apprendre à vivre avec les autres est tout de même préférable à l'enfermement frileux à l'intérieur de l'identité. Etre obligé de parler à des êtres différents de soi amène chacun à ne pas trop se prendre pour le centre de l'univers, injecte en lui une certaine dose de tolérance, tout en enrichissant son esprit. La différence est bonne en ce qu'elle nous ouvre à l'universalité : il faut observer les différences, disait Rousseau, pour découvrir les propriétés.

La communauté des victimes

Le premier recul des valeurs démocratiques consiste à renoncer à la responsabilité vis-à-vis de sa propre vie et à s'emparer du rôle de victime : rôle avantageux mais entièrement passif.

Le second recul revient à dévaloriser son identité individuelle et à ne se voir que comme le membre d'un groupe ; chose plus grave encore, d'un groupe auquel on n'a pas choisi d'appartenir : sexe, race, ethnie. Les deux reculs peuvent aussi se combiner et produire alors ce qui est probablement la figure la plus caractéristique de l'abandon actuel de l'autonomie : le fait de jouer sur la victimisation collective, de se présenter comme le membre docile d'un groupe qui s'est emparé, dans la société, du statut de victime. Le mécanisme à l'œuvre ici est semblable à celui qu'on pouvait observer dans le cas des individus, mais plus rigoureux encore. Si l'on parvient à établir de façon convaincante que tel groupe a été victime d'injustices dans le passé, cela lui ouvre dans le présent une ligne de crédit inépuisable. D'où la compétition effrénée pour obtenir non, comme entre pays, la clause de la nation la plus favorisée, mais celle du groupe le plus défavorisé. Qu'est-ce que six millions de juifs morts, et de surcroît en dehors de l'Amérique ? s'exclame Farrakhan : « L'holocauste du peuple noir a été cent fois pire que l'holocauste des juifs. » A victime, victime et demie.

Puisque la société a reconnu que les groupes, et non seulement les individus, avaient des droits, autant en profiter ; or plus grande a été l'offense dans le passé, et plus grands sont les droits dans le présent. Au lieu d'avoir à lutter pour obtenir un privilège, on le reçoit d'office, par sa seule appartenance au groupe jadis défavorisé.

Que l'ancienne victime mérite d'être traitée non comme tous les autres mais mieux que les autres est pourtant loin d'être évident. L'Histoire nous l'a enseigné mille fois : le fait d'avoir été victime dans le passé n'empêche nullement que l'on devienne bourreau dans le présent. Pour justifier l'agressivité de l'Etat allemand, Hitler a constamment misé sur l'humiliation infligée aux Allemands à la fin de la Première Guerre mondiale. Pour fonder leur agression présente dans l'ex-Yougoslavie, les Serbes se réclament inlassablement de leur statut d'anciennes victimes :

des Turcs, des Allemands, des Croates, etc. Chacun de nous pourrait compléter cette liste par d'autres exemples de l'histoire récente. D'un autre côté, l'attribution d'un nouveau privilège, cette fois à l'ancienne victime, ne répare évidemment pas l'injustice du passé : elle maintient la structure de l'offense, en se contentant d'en changer les acteurs. Avant, parmi les candidats à un poste, c'étaient les hommes et les Blancs qui étaient privilégiés, maintenant ce sont les femmes et les Noirs ; mais les privilèges existent toujours.

Il faut s'entendre : il n'y a aucune commune mesure entre les injustices subies par les Noirs de la part des Blancs (énormes) et celles infligées aujourd'hui aux Blancs (tout à fait supportables) ; les Blancs ne sont pas lynchés le long des routes, les maris ne sont pas régulièrement battus par leur épouse enivrée. Le maintien de l'ancienne structure ralentit pourtant la guérison de la blessure au lieu de l'accélérer ; dans le cas particulier des « races » et des ethnies, il nourrit le ressentiment et entretient le cycle de la violence et de la contre-violence.

Les infléchissements récents de la politique visant à combattre le « harcèlement sexuel » s'inscrivent également dans ce contexte. Tout comme il faut continuer de combattre les manifestations de discrimination raciale, encore trop fréquentes envers les Noirs, il faut lutter pour que disparaisse le droit de cuissage dont profitent certains détenteurs du pouvoir, chefs d'entreprise ou professeurs d'université. La perspective des droits qui découlent du statut de victime a cependant transformé tout cela. On peut se plaindre maintenant de ce qu'une image, un geste, un propos créent « un contexte dégradant, intimidant ou hostile » ou témoignent, en tous les cas, d'une « indifférence endurcie envers l'expérience des femmes », lesquelles pourraient, dans certains cas, aller jusqu'à « se sentir mal à l'aise », et obtenir des réparations (ou, au moins, la punition de la personne incriminée : mais le malheur des autres fait aussi notre bonheur, nous enseigne la sagesse des nations).

Certaines conséquences de cette réinterprétation du *sexual harassment* peuvent faire rire. Ainsi, le Fogg Art Museum de l'université de Harvard a inventé l'équivalent moderne des feuilles de vigne : au lieu de cacher la nudité féminine, on la neutralise en imprimant sur le mur, à côté du tableau, des textes du genre : « La sirène constituait un danger fatal pour l'homme défini commercialement. La représentation de la sensualité de la sirène par l'artiste/poète et par son modèle permettait au spectateur mâle victorien d'établir un sentiment de maîtrise et de surmonter par là la peur de l'impuissance, à la fois sexuelle et commerciale. »

Il est vrai qu'il y a une certaine pruderie dans le fait de demander à chaque action culturelle d'être une réparation de quelque injustice passée : plus aucun spectacle, aucune exposition, aucun cours à l'université qui ne se présente comme une bonne action, comme une contribution à la cause de quelque groupe défavorisé. C'est là pourtant un inconvénient mineur. D'autres le sont moins, dans la mesure où les victimes de cette fièvre vertueuse ne sont pas des tableaux ou des spectacles, mais bien des êtres humains vivants, comme ce professeur à l'université de New Hampshire qui est accusé non d'avoir abusé de ses étudiantes, ni d'être un mauvais enseignant, mais d'avoir, par des remarques d'un goût douteux, créé une atmosphère dans laquelle certaines femmes se sentaient mal à l'aise. Quelle que soit la décision finale le concernant – licenciement, obligation de suivre un *sensitivity training* ou réintégration –, la vie de cet homme sera marquée à tout jamais par un tel épisode. On imagine facilement quel climat malsain de chasse aux sorcières, d'appel aux dénonciations, d'encouragement des fantasmes chez les « offensés » se trouve entretenu par une telle situation.

On pourrait me rétorquer : et la vie de ces jeunes femmes ne risquait-elle pas, à son tour, d'être définitivement marquée par des propos désobligeants sur les femmes ou par des images dégradantes ? Il se peut que des êtres d'une telle fragilité existent, après tout. Néanmoins, la réaction – la recherche d'une sanction administrative – ne me paraît pas appropriée à l'offense. D'abord parce qu'elle consiste à confondre la société civile avec l'Etat et ses administrations. Exiger que l'Etat assure notre bien-être intérieur, qu'il pourchasse les « indices de malaise », me semble excessif et même dangereux ; le pas suivant dans ce renoncement volontaire à son autonomie serait de faire contrôler la qualité de toutes nos relations par des agents de l'Etat, de leur demander d'être omniprésents. L'Etat et ses administrations n'ont pas à se mêler de cela.

L'idée que se font les groupes les uns des autres à l'intérieur de la société relève, et doit relever, de la vie sociale, non de la législation ou de l'action gouvernementale. Devant la loi, les individus demandent l'égalité ; dans la vie sociale, ils recherchent tout autre chose qu'une égalité incolore et inodore : leur reconnaissance par le regard des autres, donc une confirmation de leur existence. Cette reconnaissance est obtenue par la maîtrise des codes culturels, différents d'un pays à l'autre, d'une époque à l'autre, et par une infinie négociation, qui constitue la vie même : on réclame et on cède, on donne et on reçoit. Les enfants confondent naïvement désir et droit : « J'ai bien le droit d'avoir un bonbon ! » ; les adultes finissent par apprendre que satisfaction et bonheur ne se commandent pas mais se négocient et se renégocient tout au long de l'existence.

L'avenir de la démocratie

L'autonomie des individus, valeur démocratique fondamentale, est aujourd'hui en retrait ; il faut une certaine dose de naïveté, ou alors une démagogie très habile, pour nous faire prendre cette attaque de la démocratie pour sa défense. On doit donc, tout d'abord, oser appeler les choses par leur nom.

Comment s'expliquer ce retrait ? Est-ce parce que, comme l'ont souvent dit les ennemis de la démocratie, celle-ci va à l'encontre de la nature humaine, ou parce qu'elle est condamnée à produire le contraire de ce qu'elle proclame ? Je ne le crois pas. L'aspiration à l'autonomie n'est pas plus « naturelle », il est vrai, que le besoin de sécurité, apaisé souvent par un renoncement à l'autonomie. J'ai déjà évoqué la tentation, particulièrement visible sous le totalitarisme, d'« échapper à la liberté », en nous assurant ainsi paix et confort intérieurs ; mais le contraire existe aussi. Regardons autour de nous : alors que d'autres maux propres à la société industrielle se retrouvent en Europe, le recul de l'autonomie individuelle comme idéal est un phénomène spécifiquement américain. A un autre niveau, la même opposition se répète dans le reste du monde : alors qu'en Afrique du Sud l'autonomie s'accroît, elle diminue en Algérie. Sans doute parce que j'ai vécu sous un régime communiste qui réprimait sévèrement toute velléité d'autonomie individuelle, je me sens personnellement atteint chaque fois que je constate son recul, alors même qu'aucune force extérieure ne l'impose.

La cause de cette diminution aux Etats-Unis n'est pas à chercher dans une violence venue d'ailleurs, ni dans la logique démocratique elle-même, mais plutôt dans l'histoire spécifique de ce pays. Sans vouloir me substituer aux américanistes, je suggérerais que sa source est une perversion, un détournement des valeurs modernes, plutôt qu'un retour pur et simple aux valeurs traditionnelles. La tentation d'acquérir le statut d'ancienne victime ne provient pas de la nuit des temps, elle est la conséquence d'une des plus belles acquisitions de la démocratie : le règne de la justice, et donc de l'espoir d'obtenir la réparation des offenses. Le désir de s'enfermer dans l'identité collective, tel qu'il se manifeste aujourd'hui aux Etats-Unis, n'équivaut pas à l'appartenance et à la soumission au groupe dans la société traditionnelle : celles-ci sont subies, celle-là est imaginée et revendiquée. Elle ne coïncide pas non plus avec le rejet totalitaire de l'autonomie, tel qu'on a pu l'observer plus tôt. Dans la société totalitaire, le groupe dirigeant (le Parti) exerce sa propre autonomie mais aliène entièrement celle des simples citoyens : l'individu vit dans la crainte d'une punition provenant de l'Etat omnipotent. Aux Etats-Unis, ce sont les individus eux-mêmes, hors de toute menace de la part de l'Etat, qui choisissent de se percevoir comme les représentants des groupes ou comme les victimes impuissantes du destin. Parler ici de « totalitarisme mou », comme on le fait parfois, me paraît excessif.

Ce renoncement à l'autonomie serait donc un résultat paradoxal de son exercice. Nous ne pouvons pourtant pas nous sentir rassurés par le simple fait que l'origine de ces perversions démocratiques est, elle, parfaitement légitime ; nous savons bien aujourd'hui que les meilleures intentions peuvent produire des résultats particulièrement catastrophiques. Un certain exercice illimité de l'autonomie peut la tuer : le résultat de cet acte est grave, quelle qu'en soit l'origine lointaine.

Je crois qu'on peut et qu'on doit résister à cet effritement des valeurs démocratiques. Mais comment ? J'ai peu d'espoir que le débat intellectuel influence les convictions et les comportements des parties prenantes, de ceux qui bénéficient de la nouvelle situation. Tous les arguments que j'aligne, et d'autres encore, ont déjà été formulés ici et là, souvent avec plus de détails et de nuances. Pourtant, ce fait n'agit guère sur les pratiques. C'est que nos convictions proviennent moins de raisonnements logiques que de nos besoins existentiels. La réalité est toujours suffisamment complexe pour fournir des illustrations à n'importe quelle thèse ; la rationalité instrumentale n'est le privilège de personne.

En revanche, ceux qui sont chargés de défendre l'intérêt général, et non plus tel ou tel intérêt particulier, peuvent comprendre que certaines politiques, entreprises avec de bonnes intentions, perpétuent le mal plutôt qu'elles ne l'atténuent ; qu'il faut donc les abandonner. Car l'attaque contemporaine contre les valeurs démocratiques n'est pas née spontanément, à partir de la base ; elle vient plutôt d'en haut, effet d'une politique gouvernementale. Ceux qui ont instauré cette politique ne sont pas identiques à ceux qui en profitent dans l'immédiat, il ne faut pas confondre les instances administratives et gouvernementales avec les membres des minorités anciennement défavorisées. Il semble de plus régner dans les esprits une confusion néfaste entre sphère politique et sphère sociale : en même temps qu'égoïsme et uniformité s'étendent dans celle-ci, on renonce dans celle-là (pour y remédier ?) aux idées d'autonomie et de citoyenneté. Tout se passe comme si on voulait rattraper les carences de la société par des mesures administratives simples : les valeurs communautaires disparaissent, on fera élire des députés-représentants des communautés ; l'individu est perdu dans la société de masse, on légalisera donc, pour le rassurer, le statut d'ancienne victime.

Une telle confusion est funeste ; et c'est cette politique volontariste qui peut être changée. On n'empêchera jamais l'individu de préférer se retrouver avec des gens semblables plutôt qu'avec des étrangers ; mais on peut exiger que cette préférence se limite à la vie privée et n'acquière jamais un statut administratif ou légal. Les élites gouvernantes, depuis le président d'une agence pour l'adoption jusqu'au président des Etats-Unis, peuvent influencer l'évolution de la vie publique ; elles en seront donc tenues responsables – pour le meilleur et pour le pire.

A Paris

J'avais terminé mes études universitaires en Bulgarie lorsqu'un jour la possibilité s'est présentée d'aller passer quelque temps en « Europe ». La Bulgarie ne se trouve pourtant pas en Asie ou en Afrique ; mais tel était le nom, prononcé avec convoitise, que nous donnions à des pays comme l'Allemagne et l'Italie, la France ou l'Angleterre. Je n'ai pas hésité un instant : parmi tous les lieux du monde, c'est à Paris que je souhaitais être. Quelques mois plus tard, je débarquais à la gare de Lyon.

Pourquoi Paris et pourquoi la France ? Ce n'était pas pour une raison de langue. Le français était à l'époque la langue « occidentale » la plus enseignée (elle est détrônée aujourd'hui par l'anglais), mais cela n'avait pas joué dans mon cas. Les Bulgares appartenant à l'intelligentsia sont conscients de ce qu'ils habitent un petit pays dont la langue n'est parlée par personne hormis eux-mêmes ; aussi apprennent-ils assez volontiers des langues étrangères. J'avais commencé, par hasard, par l'anglais ; j'ai appris ensuite le russe, puis l'allemand. Je ne me suis vraiment mis au français que lorsque ce voyage à Paris est apparu à l'horizon.

La Bulgarie n'a pas eu, dans le passé, des rapports suivis avec la France. Des liens traditionnels existaient avec la Russie d'une part, l'Allemagne de l'autre : celle-ci est géographiquement plus proche de la Bulgarie et elle s'est mêlée de plus près à son histoire ; nos rois, jusqu'à la fin de la Seconde Guerre mondiale, étaient des « Saxe-Cobourg-Gotha », mot dont la prononciation était un défi pour nos bouches enfantines. C'est en Autriche ou en Allemagne que partaient, avant la guerre, les fils (et plus rarement les filles) de bonne famille, quand ils voulaient faire des études ou simplement voir « l'Europe ». Quelques artistes, quelques savants étaient bien passés par la France (par Nancy, je crois), mais ils n'étaient pas forcément les plus estimés : l'éducation germanique avait la réputation d'être plus solide.

Pourquoi, alors, ai-je choisi Paris ? Sans doute à cause d'un ami, surnommé Karata (il a trouvé la mort depuis, dans un accident d'avion). C'était un avocat de province, de dix ans mon aîné, qui venait souvent à Sofia, un être dont les propos extraordinairement brillants révélaient plutôt qu'ils ne cachaient le pessimisme profond. Il disait en souriant : Je suis si désespéré qu'à moins d'être gai je serais perdu ! L'écouter, c'était comme assister à un festin en temps de peste : il observait avec élégance et humour un monde absurde (métaphysiquement parlant). J'étais complètement subjugué par lui. Or, si Karata parlait plusieurs langues étrangères, c'est à la France et à Paris qu'allaient toutes ses sympathies. Dans son bureau il y avait, accroché au mur, un plan de Paris (lui-même n'avait jamais quitté la Bulgarie), dont il n'avait du reste plus besoin, tant il le connaissait par cœur. Il pouvait parler des heures durant des caractéristiques de chaque quartier parisien : qui l'avait habité, qui le fréquentait ; il citait même les publicités qu'on voit dans les tunnels du métro. Son amour pour Paris était comme un petit jardin de bonheur au milieu d'un univers dévasté ; son rire sardonique s'arrêtait aux portes de ce jardin et il en parlait avec attendrissement, presque naïvement.

Je crois que cet amour de Paris se retrouve chez de nombreux individus, habitant les pays les plus divers et qui n'en sont jamais sortis. Il n'est pas facile de dire de quoi il se nourrit.

De livres ? de reproductions de tableaux (impressionnistes) ? de récits de voyageurs qui ont eu la chance, eux, d'y aller ? De tout cela et de bien autres choses encore, qui composent, dans un mélange dont j'ignore la recette, une image de Paris et de la France qui suscite une puissante nostalgie. Que signifiait cette image ? Karata ne me l'a pas dit à l'époque et il n'est plus là pour que je le lui demande. S'il fallait la désigner par un seul mot, je choisirais celui de « civilisation », terme employé alors exclusivement au singulier et qui devait recouvrir un juste équilibre entre la spéculation abstraite et le souci de la vie matérielle, l'acuité de la pensée et la beauté de la forme. La France devait nous apparaître comme une incarnation de cet idéal de vie civilisée.

Ai-je trouvé la réalité à la hauteur de mes espérances ? Les déceptions n'ont pas manqué, bien sûr. Je découvrais chez mes collègues, savants ou écrivains, un mélange d'ignorance et de suffisance qui me surprenait. Un esprit bien provincial s'accompagnait souvent d'un orgueil national que rien ne venait justifier. Cependant, petit à petit, je suis moi-même devenu français. La France m'est si familière aujourd'hui que mon image d'elle pâlit, et je ne sais plus dire comment elle est. Elle n'est certainement pas une incarnation du bien, mais je ne lui en demande pas tant et, du reste, alors que je crois aux incarnations (politiques) du mal, je ne pense pas que le bien puisse vraiment s'installer quelque part. La France est un pays parmi d'autres, libre du mal que j'ai connu ailleurs, non de divers autres défauts, envers de ses qualités ; mais c'est maintenant le mien.

Voici comment je me suis trouvé écrivant en français plutôt qu'en allemand ou en anglais. Plus de trente ans me séparent de la frileuse matinée d'avril où je débarquais sur le quai de la gare de Lyon. C'est seulement au retour de voyages à l'étranger (depuis longtemps la France n'en fait plus partie pour moi) que, sur les autoroutes qui me mènent de l'aéroport à la ville, je ressens ce pincement de cœur familier, qui me rendait tout fiévreux à la veille de mon premier départ : c'est Paris ! J'arrive à Paris ! Et je plains ceux qui ne le connaissent pas.

Références[1]

ABRAMS (M.), *Doing Things with Texts*, New York, Norton, 1989.

ARENDT (H.), *Condition de l'homme moderne*, Calmann-Lévy, 1983.

– *Vies politiques*, Gallimard, 1974.

ARON (R.), « Préface », in M. Weber, *Le Savant et le politique*, Plon, 1959.

Au nom du peuple. Témoignages sur les camps communistes, La Tour d'Aigues, Editions de l'Aube, 1992.

BENDA (J.), *La Trahison des clercs*, Grasset, 1981.

BÉNICHOU (P.), *Le Sacre de l'écrivain*, Corti, 1973.

BERBEROVA (N.), *L'Affaire Kravchenko*, Arles, Actes Sud, 1990.

BLIXEN (K.), *Le Dîner de Babette*, Gallimard, 1988.

BRANDYS (K.), *Carnets*, Gallimard, 1987.

BRODSKY (J.), « Discours à Stockholm », *Lettre internationale*, 16, 1988.

BRUCKNER (P.), *La Mélancolie démocratique*, Le Seuil, 1990.

Censures, Editions du Centre Pompidou, 1987.

CHATEAUBRIAND (F. R. de), *Itinéraire de Paris à Jérusalem*, Garnier-Flammarion, 1968.

CHENEY (L. V.), *Humanities in America*, Washington, NEH, 1988.

COMTE-SPONVILLE (A.), « La brute, le sophiste et l'esthète », in A. Boyer *et al.*, *Pourquoi nous ne sommes pas nietzschéens*, Grasset, 1991.

CONAN (E.) et ROUSSO (H.), *Vichy, un passé qui ne passe pas*, Fayard, 1994.

1. Sauf indication contraire, le lieu de publication est Paris.

CONCHE (M.), *Le Fondement de la morale*, Editions de Mégare, 1990.
COPFERMANN (E.), *David Rousset, une vie dans le siècle*, Plon, 1991.
CULLER (J.), *On Deconstruction*, Ithaca, Cornell University Press, 1982.
DAIX (P.), *J'ai cru au matin*, Laffont, 1976.
DE MAN (P.), *Allegories of Reading*, New Haven, Yale University Press, 1979.
DERRIDA (J.), *L'Ecriture et la différence*, Le Seuil, 1967.
DOSTOÏEVSKI (F.), *Journal d'un écrivain*, Gallimard, 1951.
DUMONT (L.), *Essais sur l'individualisme*, Le Seuil, 1983.
EAGLETON (T.), *Literary Theory*, Minneapolis, University of Minnesota Press, 1983.
FAIRBAIRN (W. R. D.), *An Object-Relations Theory of the Personality*, New York, Basic Books, 1952.
FERRY (L.) et RENAUT (A.), *Heidegger et les Modernes*, Grasset, 1988.
FICHTE, cité par A. Renaut, *L'Ere de l'individu*, Gallimard, 1989.
FINKIELKRAUT (A.), *La Défaite de la pensée*, Gallimard, 1987.
FISH (S.), *Is There a Text in this Class ?*, Cambridge, Harvard University Press, 1983.
FROMM (E.), *La Peur de la liberté*, Buchet-Chastel, 1963.
GOLDSCHMIDT (V.), *Ecrits*, t. II, Vrin, 1984.
GOODHEART (E.), *The Sceptic Disposition in Contemporary Criticism*, Princeton, Princeton University Press, 1984.
HARTMAN (G.), « Blindness and Insight », *The New Republic*, 7 mars 1988.
HAVEL (V.), *Essais politiques*, Calmann-Lévy, 1989.
HUGO (V.), *Les Contemplations*, Garnier-Flammarion, 1995.
JAMES (H.), *Histoires de fantômes*, Aubier-Flammarion, 1970.
JAMESON (F.), *The Political Unconscious*, Ithaca, Cornell University Press, 1981.
JETCHEV (G.), *Captifs au pays*, Sofia, 1991 (en bulgare).
KANT (I.), *Réflexions sur l'éducation*, Vrin, 1989.
KLARSFELD (A.), *Touvier, un crime français*, Fayard, 1994.
KRAVCHENKO (V.), *J'ai choisi la liberté !*, Olivier Orban-N. E. Baudinière,1980.
LA BOÉTIE (E. de), *Discours de la servitude volontaire*, Les Mille et Une Nuits, 1995.

LASCH (C.), « A Typology of Intellectuals », *Salmagundi*, 70-71, 1986.

LIPOVETSKY (G.), « Virage culturel, persistance du moi », *Le Débat*, 60, 1990.

LÖWITH (K.), *Ma vie en Allemagne, avant et après 1933*, Hachette, 1988.

HILLIS MILLER (J.), « Stevens' Rock », *Georgia Review*, 30, 1976.

– « On Edge », in M. Eaves, M. Fischer (eds.), *Romanticism and Contemporary Criticism*, Ithaca, Cornell University Press, 1986.

MORGAN (C.), *Les Don Quichotte et les autres*, Editions Roblot, 1979.

ORWELL (G.), *Collected Essays, Journalism & Letters*, 4 vols., Harmondsworth, Penguin, 1968 (traduction française en cours).

– *Essais choisis*, Gallimard, 1960.

– *1984*, Gallimard, 1950.

Racismes, antiracismes, sous la direction de A. Béjin et J. Freund, Klincksieck, 1986.

RENAN (E.), « Dialogues philosophiques », in *Œuvres complètes*, t. I, Calmann-Lévy, 1947.

ROTH (Ph.), « Et Philippe Roth », *Lettre internationale*, 15, 1987.

ROUSSEAU (J.-J.), *Emile*, in *Œuvres complètes*, t. IV, Gallimard, 1969.

ROUSSET (D.), ROSENTHAL (G.) et BERNARD (T.), *Pour la vérité sur les camps concentrationnaires*, Ramsay, 1990.

RUSHDIE (S.), *Les Versets sataniques*, Bourgois, 1989.

SAID (E.), *The World, the Text and the Critic*, Cambridge, Harvard University Press, 1983.

SALLENAVE (D.), *Le Don des morts. Sur la littérature*, Gallimard, 1991.

SCHAEFFER (J.M.), *L'Art de l'âge moderne*, Gallimard, 1992.

SCHOLES (R.), *Textual Power*, New Haven, Yale University Press, 1985.

SOREL (G.), *Réflexions sur la violence*, M. Rivière, 1950.

Speaking for the Humanities (par G. Levine, P. Brooks, J. Culler, M. Garber, E. A. Kaplan, C. R. Stimpson), New York, ACLS, 1989.

STEELE (Sh.), *The Content of Our Character*, New York, Harper-Collins, 1991.

STEINER (G.) *et al.*, « The Responsibility of Intellectuals », *Salmagundi*, 70-71, 1986.

STRAUSS (L.), *La Persécution et l'art d'écrire*, Presses-Pocket, 1989.

TAGUIEFF (P.-A.), *La Force du préjugé. Essai sur le racisme et ses doubles*, La Découverte, 1987.

TANIZAKI (J.), *Eloge de l'ombre*, Publications orientalistes de France, 1977.

TODOROV (T.), *Les Abus de la mémoire*, Arléa, 1995.

VOLOCHINOV (V.), « La structure de l'énoncé », in T. Todorov, *Mikhail Bakhtine, le principe dialogique*, Le Seuil, 1981.

WEIL (S.), *L'Enracinement*, Gallimard, 1977.

– « Lettre aux *Cahiers du Sud* sur les responsabilités de la littérature », *Les Cahiers du Sud*, 34 (1951).

YONNET (P.), « Le nouvel ordre moral », *Le Débat*, 60, 1990.

ZAGAJEWSKI (A.), *Solidarité, solitude*, Fayard, 1986.

Table

Aller retour
9

En visite chez soi, 13. – La double appartenance, 17. – Dépaysé, dépaysant, 21

PREMIÈRE PARTIE

Originaire de Bulgarie
27

1. L'expérience totalitaire 29

Traits constitutifs, 29. – Les charmes secrets, 35. – Les groupes et l'individu, 37. – Dédoublements, 42.

2. Les camps 49

Fonctions des camps, 50. – Profils de détenus, 52. – Vie quotidienne, 56.

3. La fin du communisme 63

Raisons de l'effondrement, 63. – Mélancolie post-totalitaire, 67. - Gérer le passé, 70. – Séquelles du traumatisme, 77. – Appréhensions de l'avenir, 80.

DEUXIÈME PARTIE

Citoyen en France

87

4. Les procès Kravtchenko et Rousset 89

Stratégies de disculpation, 90. – Juger le passé, 95.

5. L'affaire Touvier 101

Crimes contre l'humanité, 102. – Le non-lieu, 107. – Le procès, 110. – Leçons, 115.

6. Débats sur le racisme 121

Les anti-antiracistes, 123. – Face à la montée du racisme, 127. – Le contexte actuel, 130.

7. Politique des intellectuels 135

Les trois voix, 136. – La tentation de l'utopisme, 138. – Errements des intellectuels, 140.

8. Censure et liberté d'expression 147

Liberté et pouvoir, 149. – La liberté des artistes, 151. – Liberté et responsabilité, 155. – L'affaire Rushdie : les ennemis et les amis, 158. – *Les Versets sataniques*, 163.

9. Culture et vie quotidienne 167

L'art dans la vie, 168. – Œuvres et actions, 173. – La déshumanisation moderne, 177.

TROISIÈME PARTIE

Visiteur aux Etats-Unis

183

10. La critique littéraire 185

Post-structuralisme, 186. – Pragmatisme, 190. – Survivances marxistes, 194. – Humanisme critique, 196.

11. Les humanités 201

La place des intellectuels, 202. – L'accusation et la défense, 205. – Existe-t-il un canon ?, 209.

12. Déclin de l'autonomie 213

Victimisation, 214. – Appartenance au groupe, 217. – Identité et différence, 221. – La communauté des victimes, 224. – L'avenir de la démocratie, 228.

A Paris
233

Références 239

Du même auteur

AUX ÉDITIONS DU SEUIL

Poétique
(Qu'est-ce que le structuralisme ?)
1968
coll. « Points Essais » n° 45

Introduction à la littérature fantastique
coll. « Poétique », 1970 ; coll. « Points Essais » n° 73

Poétique de la prose
coll. « Poétique » 1971
Extraits suivis de Nouvelles Recherches sur le récit
coll. « Points Essais » n° 120

Dictionnaire encyclopédique des sciences du langage
en collaboration avec Oswald Ducrot
1972, coll. « Points Essais » n° 110

Théories du symbole
coll. « Poétique », 1977 ; coll. « Points Essais » n° 176

Les Genres du discours
coll. « Poétique », 1978
Extraits publiés sous le titre
La Notion de littérature et autres essais
1978 ; coll. « Points Essais » n° 188

Symbolisme et Interprétation
coll. « Poétique », 1978

Mikhaïl Bakhtine. Le principe dialogique,
suivi de Écrits du Cercle de Bakhtine
coll. « Poétique », 1981

La Conquête de l'Amérique
1982 ; coll. « Points Essais » n° 226

Critique de la critique
coll. « Poétique », 1984

Nous et les autres
coll. « La Couleur des idées », 1989
coll. « Points Essais » n° 250

Face à l'extrême
coll. « La Couleur des idées », 1991
coll. « Points Essais » n° 295

Une tragédie française
coll. « L'Histoire immédiate », 1994

La Vie commune
coll. « La Couleur des idées », 1995

OUVRAGES COLLECTIFS

Théorie de la littérature.
Textes des formalistes russes
1966

Sémantique de la poésie
1979, coll. « Points Essais » n° 103

Récits aztèques de la conquête
en collaboration avec Georges Baudot
1983

CHEZ D'AUTRES ÉDITEURS

Littérature et Signification
Larousse, 1967

Grammaire du Décaméron
Mouton, 1969

Frêle Bonheur, essai sur Rousseau
Hachette, 1985

Les Morales de l'histoire
Grasset, 1991

Éloge du quotidien
Adam Biro, 1993

Les Abus de la mémoire
Arléa, 1995

RÉALISATION : PAO ÉDITIONS DU SEUIL
IMPRESSION SUR ROTO-PAGE
PAR L'IMPRIMERIE FLOCH À MAYENNE
DÉPÔT LÉGAL : OCTOBRE 1996. N° 30038-2 (40750)

COLLECTION « L'HISTOIRE IMMÉDIATE »
DIRIGÉE PAR JEAN-CLAUDE GUILLEBAUD

(extraits)

JEAN-PAUL ALATA, Prison d'Afrique
MICHEL ALBERT
Le Pari français
Un pari pour l'Europe
Capitalisme contre capitalisme
MICHEL ALBERT/JEAN BOISSONNAT
Crise, Krack, Boom
ANDRÉ BACCARD, Les Martyrs de Bokassa
TAHAR BEN JELLOUN, Hospitalité française
JEAN BERTOLINO, Albanie la sentinelle de Staline
AGNÈS BENSIMON
Hassan II et les juifs - histoire d'une émigration secrète
PASCAL BONIFACE, La volonté d'impuissance
MARC BOULET, Dans la peau d'un intouchable
CLAIRE BRIÈRE/PIERRE BLANCHET
Iran : la révolution au nom de Dieu
PASCAL BRUCKNER
Le Sanglot de l'homme blanc
La Mélancolie démocratique
SYLVIE BRUNEL, Le Gaspillage de l'aide publique
CABU et CLAUDE-MARIE VADROT
Plutôt russe que mort !
CABU/JEAN-CLAUDE GUILLEBAUD
Sauve qui peut à l'Est
CABU/JEAN-CLAUDE GUILLEBAUD et LAURENT JOFFRIN
Cabu en Amérique
CABU/JEAN-CHRISTOPHE TOURNEBISE
Cabu au Japon
JEAN-YVES CARFANTAN, L'Europe verte sous influence
GÉRARD CHALIAND
Mythes révolutionnaires du tiers monde
L'Enjeu africain
RALF DAHRENDORF, Réflexions sur la révolution en Europe
JEAN DANIEL, De Gaulle et l'Algérie

MICHEL DEBATISSE, Le Projet paysan
JEAN-FRANÇOIS DENIAU, La découverte de l'Europe
PIERRE-ANTOINE DONNET, Le Japon achète le monde
RENÉ DUMONT
Chine, la révolution culturale
Finis les lendemains qui chantent
(1. Albanie, Pologne, Nicaragua)
(2. La Chine décollectivise)
(3. Bangladesh, Népal : « l'aide » contre le développement)
Cette guerre nous déshonore
RENÉ DUMONT/MARIE-FRANCE MOTTIN
Le Mal-Développement en Amérique latine
RENÉ DUMONT/FRANÇOIS DE RAVIGNAN
Nouveaux Voyages dans les campagnes françaises
JEAN-FRANÇOIS FOGEL/BERTRAND ROSENTHAL
Fin de siècle à La Havane
JOHN-KENNETH GALBRAITH, Anatomie du pouvoir
IRÈNE GENDZIER, Frantz Fanon
GÜNTER GRASS, Propos d'un sans-patrie
DAVID GROSSMAN, Le Vent jaune
JEAN DE LA GUÉRIVIÈRE, Belgique : la revanche des langues
Voyage au cœur de l'OTAN
JEAN-CLAUDE GUILLEBAUD, Les Confettis de l'Empire
HASSAN, Algérie, histoire d'un naufrage
ADIL JAZOULI, Les années banlieues
JEAN-NOËL JEANNENEY
Leçon d'histoire pour une gauche au pouvoir
JEAN-NOËL JEANNENEY et MONIQUE SAUVAGE
Télévision, nouvelle mémoire
LAURENT JOFFRIN
La Gauche en voie de disparition
La Régression française
La Gauche retrouvée
AMNON KAPELIOUK, Enquête sur un massacre (Sabra et Chatila)
JEAN LACOUTURE et JEAN DANIEL
Le Citoyen Mendès France
JEAN LACOUTURE et ROLAND MEHL
De Gaulle ou l'Éternel Défi
PIERRE LARROUTURROU, Ça ne peut plus durer !

HUA LINSHAN, Les Années rouges
RENÉ MAURY, Les patrons japonais parlent
CHICO MENDES, Mon combat pour la forêt
JEAN-JACQUES MICHEL/HUANG HE
Avoir 20 ans en Chine… à la campagne
ALAIN MINC
L'Avenir en face
Le Syndrome finlandais
MARIE-FRANCE MOTTIN, Cuba quand même
JEAN-PIERRE MOULIN, Qu'est-il arrivé à la France ?
SAMI NAÏR
Lettre à Charles Pasqua de la part de ceux qui ne sont pas bien nés
OANA ORLEA, Les années volées
OBSERVATOIRE DE L'OBSERVATION, L'Information dans le monde
ANTOINE OTTAVI, Des Corses à part entière
PIERRE PACHET, La Violence du temps
JACQUES PINTO, Journal de Judée
EVGUÉNI PRIMAKOV
Missions à Bagdad - histoire d'une négociation secrète
HUBERT PROLONGEAU
Une mort africaine - Le sida au quotidien
SERGE RAVANEL, L'Esprit de résistance
ALBERT DU ROY et ROBERT SCHNEIDER
Le Roman de la Rose
VICTOR SCHERRER
La France paresseuse
Dans la jungle des affaires
LUCIEN SFEZ, La santé parfaite
RAJA SHEHADEH, Tenir bon
ROBERT SOLÉ, Le Défi terroriste
VÉRONIQUE SOULÉ, Avoir 20 ans à l'Est
IBRAHIM SOUSS, Lettre à un ami juif
LIONEL STOLERU, L'Ambition internationale
EMMANUEL TODD
La Nouvelle France
L'Invention de l'Europe
TZVETAN TODOROV, Une tragédie française
CLAUDE-MARIE VADROT
Les Nouveaux Russes

CLAUDE WAUTHIER, L'Afrique des Africains (nouvelle édition)

Quatre présidents et l'Afrique

JEAN ZIEGLER

Les Rebelles

La Victoire des vaincus